Tucholsky Wagner Zola Scott Sydow Freud Schlegel
Turgenev Wallace Fonatne
Twain Walther von der Vogelweide Fouqué Friedrich II. von Preußen
Weber Freiligrath
Fechner Weiße Rose von Fallersleben Kant Ernst Frey
Fichte Richthofen Frommel
Hölderlin
Engels Fielding Eichendorff Tacitus Dumas
Fehrs Faber Flaubert
Maximilian I. von Habsburg Fock Eliasberg Zweig Ebner Eschenbach
Feuerbach Ewald Eliot Vergil
Goethe Elisabeth von Österreich London
Mendelssohn Balzac Shakespeare Dostojewski Ganghofer
Trackl Lichtenberg Rathenau Doyle Gjellerup
Stevenson Hambruch
Mommsen Tolstoi Lenz Droste-Hülshoff
Dach Thoma von Arnim Hanrieder
Verne Hägele Hauff Humboldt
Karrillon Reuter Rousseau Hagen Hauptmann Gautier
Garschin
Damaschke Defoe Hebbel Baudelaire
Descartes
Wolfram von Eschenbach Hegel Kussmaul Herder
Dickens Schopenhauer Rilke George
Bronner Darwin Melville Grimm Jerome Bebel Proust
Campe Horváth Aristoteles
Bismarck Vigny Barlach Voltaire Federer Herodot
Gengenbach Heine
Storm Casanova Tersteegen Gilm Grillparzer Georgy
Chamberlain Lessing Langbein Gryphius
Brentano Lafontaine
Strachwitz Claudius Schiller Kralik Iffland Sokrates
Katharina II. von Rußland Bellamy Schilling
Gerstäcker Raabe Gibbon Tschechow
Löns Hesse Hoffmann Gogol Wilde Gleim Vulpius
Luther Heym Hoffmannsthal Klee Hölty Morgenstern
Roth Goedicke
Heyse Klopstock Kleist
Luxemburg Puschkin Homer Mörike
Machiavelli La Roche Horaz Musil
Navarra Aurel Musset Kierkegaard Kraft Kraus
Lamprecht Kind Kirchhoff Hugo Moltke
Nestroy Marie de France
Laotse Ipsen Liebknecht
Nietzsche Nansen Ringelnatz
Marx Lassalle Gorki Klett
von Ossietzky May Leibniz
vom Stein Lawrence Irving
Petalozzi Knigge
Platon Kafka
Sachs Pückler Michelangelo Kock
Poe Liebermann Korolenko
de Sade Praetorius Mistral Zetkin

Der Verlag tradition aus Hamburg veröffentlicht in der Reihe **TREDITION CLASSICS** Werke aus mehr als zwei Jahrtausenden. Diese waren zu einem Großteil vergriffen oder nur noch antiquarisch erhältlich.

Symbolfigur für **TREDITION CLASSICS** ist Johannes Gutenberg (1400 — 1468), der Erfinder des Buchdrucks mit Metalllettern und der Druckerpresse.

Mit der Buchreihe **TREDITION CLASSICS** verfolgt tradition das Ziel, tausende Klassiker der Weltliteratur verschiedener Sprachen wieder als gedruckte Bücher aufzulegen – und das weltweit!

Die Buchreihe dient zur Bewahrung der Literatur und Förderung der Kultur. Sie trägt so dazu bei, dass viele tausend Werke nicht in Vergessenheit geraten.

Xenofons Gastmahl

Xenophon

Impressum

Autor: Xenophon
Übersetzung: Christoph Martin Wieland
Umschlagkonzept: toepferschumann, Berlin

Verlag: tradition GmbH, Hamburg
ISBN: 978-3-8424-1256-9
Printed in Germany

Xenofon

Xenofons Gastmahl

Übersetzt von

Christoph Martin Wieland

Verzeichnis der in diesem Gastmahl redenden oder handelnden Personen.

Kallias, des *Hipponikus* Sohn, ein junger Athener aus einem edeln Geschlecht, der seit kurzem durch den Tod seines Vaters zum Besitz eines sehr großen Vermögens gekommen war.

Autolykus, ein kaum aus dem Knabenalter getretener schöner Jüngling, welchem zu Ehren das Gastmahl von Kallias, seinem erklärten Liebhaber, angestellt war.

Lykon, ein bejahrter Athenischer Bürger, Vater des Autolykus.

Niceratus, ein Sohn des durch seinen großen Reichthum, und sein unglückliches Schicksal in der Unternehmung gegen Sicilien, berühmten Feldherrn *Nicias*.

Sokrates.

Antisthenes, einer der eifrigsten Freunde und Anhänger des Sokrates und nachmahliger Vater der *Cynischen* Sekte.

Hermogenes, ebenfalls einer von Sokrates standhaftesten Anhängern.

Charmides, ein Sohn Glaukons, eines Bruders von Periktione, Platons Mutter.

Kritobul, ein Sohn Kritons, des ältesten und wohlhabendsten unter den Freunden Sokrates.

Xenofon, war seiner Versicherung nach, zugegen, kommt aber unter den Sprechenden gar nicht zum Vorschein, es wäre denn, daß er (wie zu vermuthen) der zweymahl nur wenige Worte sagende *Ungenannte* ist.

Filippus, ein Lustigmacher von Profession, der sich ungebeten bey diesem Gastmahl einfand.

Eine *Flötenspielerin*, eine junge *Tänzerin* und ein *schöner Knabe*, der zur Cither singt und tanzt, und

Ein *Syrakuser*, dessen Eigenthum diese Kinder waren, und der mit ihren Talenten bey dergleichen Gelegenheiten Geld verdiente.

Xenofon

Xenofons Gastmahl

Vorbericht.

Xenofons Gastmahl oder Symposion[1] kann, nach den verschiedenen Ansichten, die es uns aus verschiedenen Gesichtspunkten gewährt, mit Recht für eines der schätzbarsten Stücke des Griechischen Alterthums gelten.

Sein geringster Vorzug ist vielleicht, daß es nach dem einstimmigen Urtheil der Kenner, das zierlichste und anmuthigste unter den wenigen Werken des Attischen Witzes ist, welche ein wohlthätiger Zufall der zerstörenden Barbarey der *Theodosier* und ihres Gleichen aus den Zähnen gerissen und bis auf uns gebracht hat.

Wichtiger wird es, wenigstens in *meinen* Augen, dadurch, daß es uns den berühmtesten und gepriesensten, aber vielleicht am wenigsten gekannten Mann seiner und aller folgenden Zeiten, *Sokrates*, wahrer und lebendiger darstellt, folglich zuverlässiger kennen lehrt, als alle Dialogen Platons zusammengenommen. Es kommt freylich in Dingen dieser Art meistens auf ein gewisses Gefühl an, wovon man, weil es sich nicht mittheilen läßt, denen, die damit nicht begabt sind, wenig oder keine Rechenschaft geben kann. Indessen dünkt mich doch, jeder Leser, der dieses Symposion mit Aufmerksamkeit liest, müsse, so gut wie ich, fühlen, daß Xenofon wirklich den *Willen* gehabt habe, diesen Sokrates, (der auch in *seinem* Symposion, wie in dem *Platonischen*, nur ohne die mindeste Anmaßung, die *Hauptfigur* ist) unverfälscht und unverschönert, in seiner völligen eigenthümlichen Art und Weise, wie er leibte und lebte, so treulich abgeschildert oder abgeformt darzustellen, daß alle, die mit ihm in nähern Verhältnissen gelebt hatten, die Aehnlichkeit auf den ersten Blick erkennen mußten.

---

[1] Δεῖπνον und Συμπόσιον sind nicht ganz gleichbedeutende Wörter; jenes bezeichnet die eigentliche Mahlzeit, dieses die Zeit, während welcher die Gäste beysammen blieben, um sich mit trinken und muntern Unterhaltungen aller Art zu vergnügen.

Vermuthlich ist die Bemerkung schon lange vor mir gemacht worden, daß in jedem wohlgetroffenen Bildniß ein besser zu fühlendes als zu beschreibendes Etwas ist, das uns, wiewohl wir die vorgestellte Person nie gesehen haben, keinen Augenblick ungewiß läßt, ob sie getroffen sey oder nicht. Ich müßte mich sehr täuschen, oder dieser Stempel der Wahrheit ist auch diesem Xenofontischen Bildniß des Sokrates auf die unverkennlichste Weise aufgedruckt.

Wenn es Xenofons *Hauptabsicht* bey dem vor uns liegenden Werke war, ein solches Bildniß von seinem geliebten Meister und Freund aufzustellen, so hätte er, wofern er sich in der Wahl der Nebenumstände auch bloß seiner freyen Einbildung hätte überlassen wollen, schwerlich eine zu seiner Absicht besser stimmende Scene *dichten* können als ein Gastmahl, einer auserlesenen Gesellschaft gebildeter und zum Theil durch Geburt und Vermögen ausgezeichneter Personen, von einem der vornehmsten und reichsten Bürger in Athen gegeben. Dem ungeachtet zweifle ich keinen Augenblick, daß es diejenigen getroffen haben, die das Xenofontische Symposion *für keine Dichtung* (was das *Platonische* augenscheinlich ist) halten, sondern für eine, den Hauptsachen nach, getreue historische Erzählung des Merkwürdigsten, was bey einem von *Kallias*, Hipponikus Sohn, wirklich unter den angeführten Umständen angestellten festlichen Gastmahl vorgefallen und verhandelt worden. Daß dem so sey, wird jedem aufmerksamen Leser aus einer Menge kleiner Züge einleuchten, auf welche der erfindungsreichste Dichter nicht aus sich selbst verfallen würde, bloß weil sie an sich zu unerheblich sind, um eher, als bis sie sich wirklich ereignen, als möglich gedacht zu werden. Alle von Xenofon bey diesem Mahl aufgeführte Gäste sind historisch, und sowohl was ihren Karakter als ihre Verhältnisse und Umstände betrifft, aus andern Urkunden dieser und der nächstfolgenden Zeiten, für das, wofür er sie uns giebt, bekannt.[2]

---

[2] Hr. A. G. Becker, Verf. einer 1795. zu Halle bey Hendel herausgekommenen Uebersetzung von Xenofons Gastmahl und Oekonomikus, hat in einer dem erstern vorgesetzten Einleitung, alle Nachrichten von den weniger bekannten Personen, welche bey diesem Gastmahl zugegen waren, zusammengetragen, die sich von ihnen auffinden ließen. Das nöthigste davon habe ich dem Verzeichniß der Personen beygefügt; das übrige ergiebt sich aus Xenofons Erzählung selbst. Nur wer Hermogenes, seinen häuslichen und bürgerlichen Verhältnissen nach,

Daß also höchstwahrscheinlich dieser Erzählung eine wirkliche Thatsache zum Grunde liegt, hindert indessen nicht, daß das, was Künstler und Kunstrichter in Werken der nachahmenden und darstellenden Künste die *Komposizion* zu nennen pflegen, und was in unsrer Sprache nicht unschicklich durch *Zusammenfügung* gegeben werden kann, dem Xenofon eigenthümlich angehöre, und sein Gastmahl in dieser Hinsicht für ein schwer zu übertreffendes Muster einer *dialogierten dramatischen Erzählung* anzusehen sey; wie ich in einem besondern Versuch über den Plan des Werks und die in der Anordnung, Zusammenfügung und Ausführung desselben sich beweisende Kunst, umständlich darzuthun hoffe. Sehr richtig nennt ihn daher der scharfsinnige und ächt klassische *Shaftesbury*, welchen *Herder* in seiner *Adrastea* (I. B. 2. St. Nr. 13. und 14. der *Begeb.* und *Karaktere des vor. Jahrh.*) so treffend wahr, zart und billig gezeichnet und beurtheilt hat, in seinem ADVICE TO AN AUTOR, den *filosofischen Menander der frühern Zeit*.[3] Was hätte auch wohl der Vater und größte Meister der *neuen* griechischen *Komödie* unter allem, was ihm im *Jahrhundert des Sokrates* vorgearbeitet worden war, finden können, was geschickter gewesen wäre ihn zur Idee der edlern Darstellung wahrer Karaktere, Verhältnisse und Sitten des bürgerlichen und häuslichen Lebens zu erheben, als Xenofons Symposion?

Es ist übrigens leicht vorher zu sehen, daß Leser, welche, ohne selbst in näherer Bekanntschaft mit den Griechen jener Zeit zu stehen, sich von der *Attischen Urbanität* überhaupt, und von der so gepriesenen *Xenofontischen Grazie* insonderheit, einen sehr hohen,

---

gewesen, bleibt ungewiß. In der Apologie nennt ihn Xenofon einen Sohn des Hipponikus; er müßte also ein Bruder des Kallias gewesen seyn; es findet sich aber davon keine Spur weder im Symposion noch sonst. Diogenes Laertius giebt dem Busenfreunde des Sokrates, Kriton, zwey Söhne, Kritobulus und Hermogenes, welche Kriton beyde der Bildung und Führung des Sokrates übergeben habe. Wenn dies ist, so müßte Hermogenes, nach dem Karakter, den er in diesem Gastmahl behauptet, wenigstens viel älter als Kritobul gewesen seyn; auch wär' es immer sonderbar, daß nicht das geringste vorkommt, woraus eine so nahe Verwandtschaft zwischen ihnen zu schließen wäre. Dieser Knoten mag also vor der Hand unaufgelößt bleiben. – Hr. Becker hat auch über die Zeit, da dieses Gastmahl vorgefallen, Untersuchungen angestellt, und herausgebracht, daß es nicht später als im ersten Jahr der 92sten und nicht früher als im zweyten der 89sten Olympiade Statt gefunden haben könne.
[3] V. CHARACTERISTICKS, Vol. I. p. 218.

aber mit einem starken Zusatz von neuzeitiger Höflichkeit und Artigkeit versetzten Begriff gemacht haben, sich sehr leicht in ihrer überspannten Erwartung getäuscht finden, und im Speisesaal unsers edeln Atheners nicht völlig in so guter Gesellschaft zu seyn glauben könnten, als sie sich versprochen hatten. Es möchte vielleicht bey solchen Lesern von keiner großen Wirkung seyn, wenn wir ihnen mit der derben Freymüthigkeit eines *Antisthenes* beweisen wollten, daß der Fehler bloß *an ihnen* liege, und daß es nicht Xenofons Schuld sey, wenn es ihnen (mit dem vorangezogenen edeln Britten zu reden) an Sinn fehle für »die *Göttlichkeit* der schönen Einfalt des liebenswürdigsten und Geist und Herz mehr als irgend ein anderer erhebenden unter allen bloß menschlichen Schriftstellern.« –[4]

Doch auch solche, denen dieser Sinn nicht ganz versagt ist, könnten, denke ich, ohne sich einen gerechten Tadel zuzuziehen, an mehr als einem Zug, der den starken Abstich der Sitten der Griechen jener Zeit von den unsrigen gar zu auffallend bezeichnet, einigen Anstoß nehmen, und von dem, was man zu Athen in der *besten Gesellschaft* sagen durfte, auf eine der letztern nicht sehr schmeichelnde Art überrascht werden. So wenig ihnen dieses zu verdenken wäre, so wenig billig würde es gleichwohl von ihnen seyn, wenn sie z.B. die keuschen Grazien Xenofons zu Mitschuldigen der Cynischen Natürlichkeit machen wollten, womit Antisthenes sich im 4ten Abschnitt auf seine Genügsamkeit in Ansehung gewisser Befriedigungen nicht wenig zu Gute thut. Wir dürfen nie vergessen, daß Xenofon im Grunde hier doch nichts ist und seyn will, als bloßer Erzähler dessen, was bey diesem Gastmahl vorfiel, und was er selbst gesehen und gehört hatte.[5] Indessen müßte ich mich sehr irren, wenn sich in seiner Darstellung nicht hier und da freylich sehr leise Spuren wahrnehmen ließen, daß er diese gute Gelegenheit mit Vergnügen ergriffen habe, an Antisthenes und Sokrates den Abstich

---

[4] CHARACTERISTICKS, Vol. III, p. 205. der Turneisenschen Ausgabe.

[5] Die bloße Aeußerung (in den Worten οις δε παραγενομενος ταυτα γιγνωσκω, δηλωσαι βουλομαι) daß er bey diesem Gastmahl zugegen gewesen (wiewohl er sich unter den Begleitern des Sokrates nicht nennt) würde diese Ueberzeugung nicht bey mir bewirken, wenn nicht so viele innere unverkennbare Merkmahle, die in der Erzählung selbst liegen, für die Aechtheit derselben zeugten.

eines plumpen geschmacklosen Nachbildes von einem unerreichbaren Urbild, durch bloßes Nebeneinanderstellen, fühlbar zu machen.

Uebrigens bedarf es kaum der Erinnerung, daß der Ton bey fröhlichen Gastmählern und Trinkgelagen, wenn die Frauen gänzlich davon ausgeschlossen sind, unter allen Völkern, wie verfeinert sie auch immer seyn mochten, von jeher eben so frey und wenig zurückhaltend war, und noch itzt ist, als bey den Griechen, bey welchen nur *bezahlte* Frauenspersonen in vermischten Männergesellschaften erscheinen konnten. Aber eben darum muß ihnen, dünkt mich, Artigkeit, Zartgefühl und Zurückhaltung, falls man davon gleichwohl noch so viel als in diesem Xenofontischen Gastmahl bey ihnen findet, um soviel höher angerechnet werden, und es beweiset um so viel mehr für die Feinheit ihrer Bildung und ihrer Sitten, weil Formeln und Etikette noch so sehr wenig Antheil an ihrer Urbanität hatten, und besonders zu Athen die demokratische Freyheit und Gleichheit noch groß genug war, daß ein Jeder, den nicht gänzlicher Mangel an Erziehung oder notorische Verworfenheit des sittlichen Karakters von der guten Gesellschaft ausschloß, sich ohne Bedenken in seiner eigenthümlichen Gestalt und Laune zeigen, und sich völlig soviel auch wohl ein wenig mehr geltend machen durfte, als er werth zu seyn glaubte.

Ob Xenofon irgend eine besondere *Veranlassung*, dieses Werkchen auszuarbeiten, oder noch eine andere Absicht, als die im Eingang von ihm angegebene, dabey gehabt habe, scheint mir eine unnöthige Frage, die nur durch schwache Vermuthungen zu beantworten ist. Wahrscheinlich war es eine der ersten Früchte der glücklichen Muße, die er, nach Endigung seiner kriegerischen Laufbahn, und nachdem er von den Athenern lebenslänglich aus ihrem Gebiet verwiesen worden war, zu Korinth auf seinem Landgute genoß; und wenn ich ja eine Vermuthung wagen möchte, so wär' es, daß er durch das *erdichtete* Symposion des *Plato* veranlaßt worden sey, die Erzählung eines *wirklichen* Gastmahls, wobey Sokrates in seiner wahren Gestalt erscheint, aufzusetzen und bekannt zu machen.

Von meiner Uebersetzung habe ich, da sie für sich selbst reden muß, wenig oder nichts zu sagen. Sie ist seit sechs Jahren die *dritte*, die sich an diese Unternehmung gewagt hat, welche bey weitem so leicht nicht ist, als sie einem in der Sprache des Originals geübten

Leser auf den ersten Anblick scheinen mag. Meine beyden gelehrten Vorgänger haben die Schwierigkeiten, mit welchen sie zu kämpfen hatten, so treulich angegeben und zum Theil mit ihrem Beyspiel selbst so gut bewiesen, daß es überflüssig wäre noch ein Wort darüber zu verlieren. Wir haben, indem wir ein unerreichbares Urbild in die Wette kopierten, vermuthlich jeder sein Bestes gethan. Eben so wohl ist zu vermuthen, daß noch mehr als Einer, in der Meinung und Hoffnung es besser zu treffen als wir, sich künftig daran versuchen wird; ja, so lange unsre Sprache eine der Lebenden bleibt, wird eine neue Uebersetzung wenigstens alle dreyßig oder vierzig Jahre sogar *nöthig* seyn, Also

HANC VENIAM DAMUS PETIMUSQUE VICISSIM.

Oßmanstätt bey Weimar,
den 21. December 1801.

W.

I.

Ich berge nicht, daß Männer, die durch Naturgaben, Bildung und Sittlichkeit über andere emporragen, bey Anlässen, wo sie sich einer fröhlichen Stimmung und scherzhaften Laune überlassen, meines Bedünkens nicht weniger merkwürdig sind, als bey ernsthaften Gelegenheiten, wo alles, was sie reden und thun, vorbedacht, abgewogen und mit Absicht gethan und gesprochen ist. Wie ich zu dieser Meinung gekommen bin, wird folgendes Beyspiel am besten zeigen. Als an den großen *Panathenäen*[6] das gewöhnliche Pferderennen vor sich ging, fand sich auch *Kallias*, des Hipponikos Sohn, damals der erklärte Liebhaber des schönen und noch sehr jungen *Autolykus*, mit seinem Geliebten, welcher im *Pankration* gesieget hatte, als Zuschauer dabey ein. Wie das Wettrennen vorüber war, begab er sich mit Autolykus und dessen Vater, in Begleitung des *Niceratus*, nach seiner Wohnung im Peiräon. Da er aber den *Sokrates* mit *Kritobulus, Hermogenes, Antisthenes* und *Charmides* beysammen stehen sah, befahl er einem Bedienten, den Autolykus und seine Begleiter nach seinem Hause zu führen, er selbst aber ging auf Sokrates und seine Gesellschaft zu, und sagte: das ist ja recht schön, daß ich euch hier so beysammen antreffe! Ich bin im Begriff, dem Autolykus und seinem Vater ein kleines Fest zu geben, und wenn ich meinen Speisesaal mit so schönen Geistern wie Ihr geschmückt sehen könnte, würde ich ein glänzenderes Gastmahl ausgerichtet zu haben glauben, als wenn ich die ersten Staats- und Kriegsmänner der Republik zu Gästen hätte.

Daß du es doch nicht lassen kannst dich immer über uns lustig zu machen, versetzte ihm *Sokrates*. Aber freylich hast du auch Ursache, dir auf deine von *Protagoras, Gorgias, Prodikus* und wer weiß wie vielen andern ihres gleichen mit schwerem Geld erhandelte Weisheit etwas zu Gute zu thun, und mit Verachtung auf uns arme Wichte herabzusehen, die sich mit einer eigenhändig zusammengestümperten Hausfilosofie behelfen müssen.

---

[6] Das höchste Fest bey den Athenern, welches alle fünf Jahre gefeyert wurde. S. Reisen des j. Anacharsis, 2. B. Die Zeit da dieses Gastmahl vorfiel, näher zu bezeichnen, scheint Xenofon unnöthig gefunden zu haben: es ergiebt sich aber aus dem Folgenden, daß es an den nächsten großen Panathenäen, welche auf die Vorstellung der Wolken des Aristophanes folgten, Statt gefunden habe.

Ich muß bekennen, erwiederte *Kallias*, daß ich bisher mit meiner Gelehrsamkeit und Redekunst ziemlich geheim gegen euch gethan habe; aber heute, wenn ihr meine Gäste seyn wollt, will ich euch Beweise geben, daß ich in ganzem Ernst Ansprüche an euere Achtung mache.

Die Begleiter des Sokrates dankten ihm zwar, wie sichs gebührt, für die Einladung, zeigten jedoch anfangs wenig Lust seinem Schmause beyzuwohnen; als er sich aber merken ließ, daß er ihre Weigerung übel nehmen würde, entschlossen sie sich ihm zuzusagen; und da die einen durch Uebungen auf dem Fechtplatz, andere sogar durch ein Bad sich bereits zum Gastmahl angeschickt fanden, so begaben sie sich insgesammt mit ihm nach seiner Wohnung.

Bey Tische nahm *Autolykus* neben seinem Vater Platz; die übrigen setzten sich wie sichs schickte. Der erste Gedanke, welcher itzt in einem jeden der einen aufmerksamen Blick auf die Gesellschaft geworfen hätte, entstehen mußte, wäre gewesen, daß von Natur etwas Königliches in der Schönheit sey, zumal wenn ihr Besitzer sie mit so vieler Schamhaftigkeit und Bescheidenheit, wie der junge Autolykus, zu verbinden wisse. Denn wie ein im Dunkeln plötzlich erscheinender Glanz sogleich alle Augen aufschauen macht, so zog auch die Schönheit dieses Jünglings die Blicke aller Anwesenden auf ihn, und in kurzem war keiner, der ihre Macht nicht auf diese oder jene Art in seinem Gemüth empfunden hätte. Einige blieben wider ihre Gewohnheit stumm, andere verriethen sogar durch Mienen und Geberden was in ihrer Seele vorging.

Man kann überhaupt sagen, wer von irgend einem Gotte besessen werde, sey ein sehenswürdiger Gegenstand. Indessen glaubt man insgemein, daß die von den andern Göttern Besessenen, außerdem daß sie etwas gräßliches und fürchterliches im Blick und im Ton der Stimme haben, eine übernatürliche Heftigkeit in allen ihren Bewegungen äußern: an denen hingegen, von welchen eine keusche Liebe Besitz genommen hat, zeigen sich gerade die entgegengesetzten Erscheinungen. Ihre Blicke sind sittsamer, und sie bemühen sich ihre Stimme sanfter zu machen und allen ihren Geberden etwas edleres zu geben als gewöhnlich. Daß diese Kennzeichen der Liebe sich damals auch in *Kallias* beysammen fanden, blieb keinem, der in den Mysterien dieser Gottheit eingeweiht war, verborgen, und machte ihn zum Ziel ihrer unverwandten Aufmerksamkeit.

Es herrschte also während des Essens eine so allgemeine Stille unter den Gästen, als ob sie ihnen von einem Höhern geboten worden wäre. Indem wurde an die Thür geklopft, und der Thürhüter zeigte an: *Filippus*, der Lustigmacher, sey draußen, um der Gesellschaft seine Dienste anzubieten, und lasse ihr wissen, daß er mit allem reichlich versehen sey, was dazu gehöre um sich selbst bey einer wohlbesetzten Tafel zu Gaste zu bitten. Auch der Knabe, den er bey sich habe, sey in sehr bedrängten Umständen, theils weil er zu leicht beladen sey, theils weil er heute noch nichts gegessen habe. – Bey dieser Bewandtniß, sagte Kallias, wär' es doch wohl nicht artig, meine Freunde, wenn wir ihm den Zutritt versagen wollten; er mag hereinkommen! Unter diesen Worten sah er zugleich den Autolykus an, um zu erforschen, wie er den Spaß des Lustigmachers gefunden habe.

Sobald dieser in den Saal getreten war, sagte er: daß ich meines Handwerks ein *Lachemacher*[7] bin, ist den Herren allerseits bekannt; und ich komme von freyen Stücken, weil ich glaube es sey lächerlicher ungebeten bey einem Gastmahl zu erscheinen als eingeladen. Nimm also Platz, sagte *Kallias*; denn die Herren hier sind, wie du siehst, mit Ernsthaftigkeit so überladen, daß sie allerdings des Lachens desto mehr benöthiget sind.

Filippus zögerte nun nicht, während die andern speiseten, etwas Lächerliches auf die Bahn zu bringen, um seine Schuldigkeit zu thun, und der Absicht zu entsprechen, weswegen er zu dergleichen Gastmählern gerufen zu werden pflegte; und da niemand lachen wollte, ließ er sich ziemlich deutlich merken, daß es ihn verdrieße. Gleichwohl machte er bald darauf einen zweyten Versuch; wie ihm aber auch dieser fehl schlug, hörte er plötzlich auf zu essen, zog seinen Mantel über den Kopf, und legte sich zurück. Was soll das

---

[7] Ich glaube dieses neue Wort, welches das Griechische γελωτοποιος wörtlich ausdrückt, wagen zu können, weil das Substantivum Lache in unsrer Sprache vorhanden und dieses Wort also nach der Analogie aller mit Macher zusammengesetzten Nennwörter gebildet ist. Die Ursache, warum ich es nöthig zu haben glaubte, ergiebt sich aus dem folgenden von selbst.

heißen? sagte *Kallias*; thut dir etwas weh? – O gewiß, erwiederte er mit einem schweren Seufzer, und recht sehr weh, edler Kallias! denn wenn die Leute nicht mehr lachen wollen, so ists mit meinem Gewerb aus. Sonst wurde ich ja bloß deswegen zu solchen Gastereyen geholt, daß ich die Gesellschaft durch meine Späße zu lachen machen und belustigen sollte: aber nun möcht' ich wohl wissen, weßwegen mich jemand ferner rufen lassen sollte? Denn ernsthaft zu seyn, ist nun einmal so wenig in meiner Gewalt als unsterblich zu werden; und in Hoffnung einer Gegeneinladung wird mich schwerlich Jemand bitten, da die ganze Stadt weiß, daß eine Mahlzeit in meinem Hause eine Sache ohne Beyspiel ist. Indem er dieß sagte, machte er die Geberdung und Stimme eines Menschen, der vor Weinen und Schluchzen kaum reden kann, so natürlich nach, daß die Anwesenden nicht umhin konnten ihm Trost einzusprechen und ihr Wort zu geben, daß sie wieder lachen wollten, während *Kritobulos* bereits über seine Wehklage in ein unbändiges Gelächter ausbrach. Dies that seine Wirkung bey dem Spaßmacher. Sobald er lachen hörte, deckte er sein Gesicht wieder auf, ermahnte seine Seele getrost und sicher zu seyn, daß es nie an fröhlichen Gelagen fehlen werde, und ließ sichs wieder besser schmecken als jemals.

II.

Kaum waren die Tische weggenommen, das Trankopfer gebracht, und der gewöhnliche Lobgesang angestimmt, so meldete sich ein *Syrakuser*, der eine geschickte Flötenspielerin, eine von den Tänzerinnen, die sich mit wunderbaren Kunststücken sehen lassen, und einen sehr schönen Knaben, der ungemein artig auf der Cither spielte und tanzte, bey sich führte, mit deren Geschicklichkeiten er bey dergleichen Anlässen Geld zu verdienen pflegte.

Als sich das Mädchen auf der Flöte und der Knabe auf der Cither hatten hören lassen, und beide den Zuhörern großes Vergnügen gemacht zu haben schienen, sagte *Sokrates*: Man muß gestehen, Kallias, deine Bewirthung läßt nichts zu wünschen übrig; du begnügst dich nicht, durch ein untadeliches Gastmahl unserm Gaumen gütlich gethan zu haben, du verschaffst auch noch unsern Augen und Ohren die angenehmste Befriedigung. – Wie meinst du, versetzte *Kallias*, wenn uns Jemand noch Myron[8] brächte, um auch unsern Nasen einen kleinen Schmaus zu geben? – Bey Leibe nicht, sagte Sokrates: lassen wir dieses den Frauen. So wie eine andere Kleidung dem Mann, eine andere dem Weibe ziemt; so ziemt auch dem Mann ein anderer Geruch als dem Weibe. Gewiß beduftet sich kein Mann um eines Mannes willen. Die Weiber, zumal wenn sie Bräute sind (wie *Niceratus* und *Kritobul* den ihrigen[9] bezeugen werden) bedürfen allerdings der Spezereysalben; auch duften sie davon von weitem schon. Männern hingegen ist der Oelgeruch, den man durch fleißige Uebungen auf der Palästra erhält, angenehmer als Myron den Weibern, und wo er fehlt, kann man nicht umhin ihn zu vermissen. Mit Myron eingesalbt riecht der Freygeborne und der Sklave einer wie der andere; um hingegen den Wohlgeruch zu er-

---

[8] Das deutsche Wort Salbe, (zumal da man dabey sogleich an Pflaster denkt) drückt das gar nicht aus, was das Griechische Myron, welches eine gewisse Art von wohlriechender Essenz war, womit sich die Frauen, und zuletzt auch die Weichlinge unter den Männern zu beduften pflegten. Das ächte Myron war eine morgenländische Waare und hatte vielleicht von der Myrrhe, die ein Hauptbestandtheil desselben war, seinen allgemeinen Namen. Denn es gab mehrere Arten von verschiedener Qualität und Benennung.

[9] Es scheint daß diese beide noch sehr junge Männer damals neuverheirathet waren.

halten, welchen uns die den Freyen ausschließlich zustehende Leibesübungen verschaffen, werden viele Vorbereitungen und eine lange Zeit erfodert. – Das ist ganz gut für diese junge Männer hier, sagte *Lykon* (der Vater des schönen Autolykus) aber wir andern Alten, bey denen die Zeit der gymnastischen Uebungen vorüber ist, wonach sollen denn wir riechen? Beym Jupiter! wonach sonst als nach *Kalokagathie?*[10] versetzte Sokrates. – Und wo ist dieses *Myron* zu bekommen? – Nun freylich nicht bey den Spezereykrämern, guter Lykon. – Wo also? Das hat uns *Theognis* schon gesagt:

> Gutes kannst du von Guten nur lernen; doch mengst du dich unter
> Schlechte, so büßest du noch was du selbst Gutes hast ein.

Hörst du das mein Sohn, sagte Lykon. – O gewiß, fiel Sokrates ein, und er befolgt es auch; und da er dereinst den höchsten Preis im *Pankration* davon zu tragen begehrt, so wird er (mit dem bereits erlernten noch nicht zufrieden) sich mit dir nach dem geschicktesten Meister in dieser Kunst umsehen, und wenn er gefunden ist, sich fleißig zu ihm halten.[11]

Hier ließen sich auf einmal mehrere Stimmen hören. Einer sagte: wo soll er diesen Meister finden? Ein anderer: das ist keine Sache die sich lehren läßt. Im Gegentheil, rief ein dritter, wenn sich irgend etwas lehren läßt, so ists dies. Weil es denn also, sagte Sokrates eine Frage ist, worüber lange hin und her gestritten werden könnte, so legen wir sie auf ein ander Mal bey Seite, und warten itzt das ab, was den nächsten Anspruch an unsre Aufmerksamkeit macht. Denn

---

[10] Ich beziehe mich wegen dieses unübersetzlichen Worts, auf das, was ich schon bey andern Gelegenheiten im Att. Mus. davon gesagt habe. S. II. Band, S. 20. u. III. B. S. 146.

[11] Autolykos hatte nämlich damals bey den gymnischen Spielen, welche zur Feyer der Panathenäen gehörten, den Sieg über Mitbewerber von seinem Alter erhalten, und dies war einem Jüngling von 15 oder 16 Jahren allerdings sehr rühmlich: aber von dem höchsten Ziel, so sich ein Pankratiast vorstecken mußte, nämlich in den Olympischen Wettkämpfen gekrönt zu werden, war er noch weit entfernt, und hatte dazu den geschicktesten Lehrmeister und sehr ernstliche Vorbereitungen vonnöthen.

ich sehe daß die Tänzerin sich fertig macht, und daß Reife für sie herbeygebracht worden sind.

Die Flötenspielerin fieng nun an ihr vorzuspielen, und der Bursche mit den Reifen trat neben die Tänzerin, und reichte ihr deren wohl zwölf einen nach dem andern hin. Sie nahm sie, warf sie im Tanzen mit einem gewissen Schwung über sich, und wußte das Maaß, wie hoch sie die Reife werfen durfte, so richtig zu treffen, daß sie, ohne aus dem Takt zu kommen, alle zwölf im Fallen wieder in die Hand bekam.

Als sie diesem Spiel eine Weile zugesehen hatten, machte Sokrates die Bemerkung: es bewähre sich, wie durch so manches Andere, auch durch das, was dieses Mädchen leiste, daß die weibliche Natur an Fähigkeiten zu allem was *Kunst* heißt der Männlichen nichts nachgebe, ob sie schon in Dingen, wozu körperliche und geistige *Stärke* nöthig ist, unsers Beystandes nicht wohl entbehren könne. Wer von uns also eine Frau hat, setzte er hinzu, mag sie immerhin alles lehren was er seines eignen Vortheils wegen wünschet daß sie verstehe, und kann sich des guten Erfolgs versichert halten.

Wenn du *dieser* Meinung bist, Sokrates, sagte *Antisthenes*, wie kommt es daß du die Probe nicht an deiner Xantippe machst, sondern dich mit einer Frau behilfst, die unter allen lebenden, ja, meines Bedünkens, unter allen die ehemals gelebt haben und künftig leben werden, die unerträglichste ist. Das geschieht aus der nämlichen Ursache, versetzte Sokrates, warum diejenigen, welche gute Reiter werden wollen, sich nicht die sanftesten und lenksamsten Pferde, sondern lieber wilde und unbändige anschaffen; denn sie denken, wenn sie diese im Zaum zu halten vermöchten, werde es ihnen ein leichtes seyn, mit allen andern fertig zu werden. Gerade so machte ichs auch, da ich die Kunst mit den Menschen umzugehen zu meinem Hauptgeschäfte machen wollte: ich legte mir diese Frau zu, weil ich gewiß war, wenn ich *Sie* ertragen könnte, würde ich mich leicht in alle andere Menschen finden können.

Nach dieser kleinen Unterbrechung (welche nicht zweckwidrig schien da sie den Zuhörern Vergnügen machte) ward ein großer ringsum mit emporstehenden Degenklingen besetzter Ring aufgesetzt, zwischen welchen und über welche die Tänzerin sich mit rückwärts zur Erde gebogenem Kopfe überwälzte, so daß sie wechselsweise erst wieder auf die Füße, dann wieder auf den Kopf zu stehen kam. Das Kunststück sah so gefährlich aus, daß den Zuschauern angst und bang für das Mädchen wurde; sie aber machte ihre Sachen mit der größten Dreistigkeit und Sicherheit.

Als auch dieses Schauspiel vorüber war, wandte sich Sokrates gegen Antisthenes und sagte: Nun wird mir doch, denke ich, Keiner, der dies mit angesehen hat, widersprechen, wenn ich behaupte, daß auch die Herzhaftigkeit *gelernt werden* könne, da dieses Mädchen, seinem Geschlechte zu Trotz, sich so verwegen in die Degenspitzen hineinstürzt. – Könnte dieser *Syrakuser*, versetzte *Antisthenes*, nicht auf einmal sein Glück machen, wenn er im Stande wäre, nachdem er diese Tänzerin in der Stadt sehen lassen, den Athenern zu versprechen, er wolle machen daß sie alle sich eben so herzhaft in die Spieße ihrer Feinde stürzen sollten? – Mir wenigstens sagte *Filippus*, sollt' es beym Jupiter! großen Spaß machen, den Volksredner *Pisander* Burzelbäume über Degenspitzen schießen zu sehen, der izt schlechterdings keinen Feldzug mit machen will, bloß weil er keinen gefällten Spieß vor Augen sehen kann.[12]

Indem sie dies sprachen, begann der *Knabe* seinen Tanz. Seht ihr nicht auch, sagte *Sokrates*, daß dieser Knabe, wie schön er auch ist, dennoch durch die Figuren und Bewegungen des Tanzes noch viel schöner erscheint, als wenn er sich ruhig hält? Du scheinst, sagte *Charmides*, mit dieser Bemerkung dem Tanzmeister, der ihn gelehrt hat, kein kleines Lob zu ertheilen, Sokrates. Das *ist* auch meine Meinung, erwiederte dieser, zumal da ich noch etwas anderes, das ihm Ehre macht, bemerkt habe; nämlich, daß bey diesem Tanz am ganzen Körper des Tänzers nichts müßig war, sondern Hals, Arme und Beine immer zugleich harmonisch bewegt wurden, wie man tanzen muß, um den Körper leicht und mit Anstand tragen zu lernen. Ich selbst, mein lieber Syrakuser, würde dieser Stellungen wegen mit

---

12 Dieser Pisander ist ohne Zweifel der nämliche, der im 2. Jahre der 92. Olympiade (411 J. vor C. G.) mit Theramenes, Antifon und Frynichus die Demokratie zu Athen abschaffte und die in der Geschichte so übelberüchtigte, aber zum Glück nur wenige Monate daurende Oligarchie der sogenannten 400 Tyrannen errichtete. Die Geschichte giebt diesem Pisander einen unternehmenden Karakter, der von der Feigheit, die ihm Filippus vorwirft, ziemlich stark abzustechen scheint, aber sich dennoch sehr wohl mit ihr vereinigen läßt.

Vergnügen dein Schüler werden. – Und wozu könnten sie dir helfen, sagte dieser. – Zum Jupiter, ich würde tanzen.

Diese Rede erregte ein allgemeines Gelächter. Lacht ihr über *mich*? sagte *Sokrates*, sein Gesicht in die ernsthaftesten Falten ziehend; etwa darüber, daß ich durch Leibesübung gesunder zu werden, und mit größeren Vergnügen zu essen und besser zu schlafen erwarte? Oder darüber, daß ich einer Art von Leibesübung den Vorzug gebe, wobey ich nicht dickere Beine und schmälere Schultern, wie die Wettläufer, oder breitere Schultern und dünnere Beine wie die Faustkämpfer, sondern, weil ich mit dem ganzen Körper gleich arbeite, den Vortheil gewinne daß auch der ganze Körper durchaus gleichstark und kräftig ist? Oder lacht ihr vielleicht darüber, daß ich nicht nöthig haben werde, (was sich für einen Mann von meinen Jahren auch nicht wohl schicken will) einen Mitkämpfer zu suchen noch mich vor einer Menge Zuschauer auszukleiden, sondern daß ein Gemach, worin gerade sieben Ruhebettchen stehen können, Raums genug für meine Uebungen haben wird, wie dieser Knabe Raums genug um sich in Schweiß zu tanzen, in diesem Saale fand? Oder lacht ihr darüber, daß ich mir dann des Winters auf meinem Zimmer, und in der heißen Jahrszeit im Schatten, werde Bewegung machen können? Oder findet ihr vielleicht lächerlich, wenn ich meinen Bauch, der in der That einen etwas größern Umfang hat als mir lieb ist, durch diese Art von Bewegung zu einer mäßigern Periferie herabzubringen suche? Und wißt ihr nicht, daß mich dieser Charmides hier, erst kürzlich, schon in aller Frühe, bey einem Solotanz überrascht hat? – Dem ist wirklich so, sagte *Charmides*; auch stand ich anfangs ganz verblüfft und besorgte du seyest wahnsinnig geworden. Wie du mir aber ungefähr dasselbe sagtest, was wir so eben gehört haben, war das erste, was ich vornahm als ich nach Hause kam, daß ich – zwar nicht tanzte, denn das hab' ich nie gelernt, aber – mit den Armen und Händen gestikulierte; denn auf diese Kunst versteh ich mich so ziemlich. Das glaub' ich zum Jupiter! *sagte Filippus*; – denn deine Beine scheinen mit deinen Schultern in einem so genauen Gleichgewichte zu stehen, daß du gewiß ungestraft davon kämest, wenn die Marktaufseher, wie sie bey den Brodten thun, den obern Theil an dir gegen den untern wägen wollten.[13]

Kallias sagte: wenn du noch tanzen lernen solltest, Sokrates, so will ich mich zu deinem Gegentänzer und Mitschüler angeboten haben. Wohlan, ihr Herren, rief der *Lustigmacher*, laßt mir Eins aufspielen; ich will euch zeigen, daß ich auch tanzen kann. Und hiemit stand er auf, und suchte den Tanz des Knaben und des Mädchens in seiner eigenen Manier nachzuäffen. Weil man den Knaben gelobt hatte, daß er durch seine Stellungen und Figuren noch schöner als zuvor geworden sey, so geberdete er sich hingegen so possierlich, daß jede Bewegung der einzelnen Theile seines Körpers das Ganze noch lächerlicher machte als es ohnehin war. Und da die Tänzerin durch Zurückbeugung ihres Körpers die Figur und Bewegung eines Rades nachgeahmt hatte, versuchte er dasselbe indem er, auf den Händen stehend, sich vorwärts überwälzte. Endlich weil der Knabe auch deswegen gerühmt worden war, daß er in seinem Tanz alle Glieder zugleich taktmäßig bewege, befahl er der Flötenspielerin in einen schnellem Takt überzugehen, und arbeitete mit Kopf, Händen und Füßen auf einmal so gewaltsam, bis er endlich vor Müdigkeit nicht mehr konnte. Der beste Beweis, ihr Herren, rief er sich auf ein Ruhebette werfend, daß auch meine Manier zu tanzen eine trefliche Mozion giebt, ist, daß ich dürste. Der Bediente dort am Schenktisch soll mir den größten Pokal voll gießen! Zum Jupiter! auch uns andern, sagte *Kallias*, denn wir haben uns alle durstig über dich gelacht.

Ich bin keineswegs gegen das Trinken, ihr Männer, sagte *Sokrates*; im Gegentheil, der Wein hat wirklich eine Kraft auch die Seele anzufeuchten und wie durch die narkotische Kraft der Mandragora, alle ihre Sorgen einzuschläfern, die Fröhlichkeit hingegen, wie Oel die Flamme, zu wecken und zu unterhalten. Indessen dünkt mich es habe mit dem menschlichen Körper dieselbe Bewandtniß wie mit den Pflanzen. Diese können, wenn der Himmel sie mit gar zu vollem Maaße tränkt, nicht in die Höhe kommen und von milden Lüften durchathmet werden: trinken sie hingegen gerade nur soviel als ihnen genügt, so wachsen sie fröhlich in die Höhe und blühen und

---

[13] Filippus scheint sich durch diesen Scherz über die Magerkeit des Charmides lustig zu machen.

setzen reichliche Früchte an. Eben so geht es auch uns. Gießen wir des Getränkes gar zu viel in uns hinein, so fängt Leib und Gemüth gar bald zu taumeln an, und anstatt etwas gescheides *reden* zu können, kommt es uns schon schwer an Athem zu holen: würden uns hingegen die Bedienten aus kleinen Becherchen desto fleißiger bethauen, (wenn mir anders erlaubt ist, dem *Gorgias* ein Wort abzuborgen) so werden wir, nicht überwältiget vom Wein, sondern bloß seiner angenehmen Verführung nachgebend, uns zu den Spielen einer frohen Laune desto aufgelegter fühlen.

Dieser Vorschlag fand allgemeinen Beyfall. Der Spaßmacher *Filippus* (um noch etwas von dem seinigen hinzuzusetzen) ermahnte die Schenken, nach der Weise geschickter Wagenlenker, die Becher fein hurtig um den Tisch herumzujagen, woran es dann diese auch nicht fehlen ließen.

III.

Inzwischen stimmte der Knabe seine Leier zur Flöte des Mädchens, und fieng hierauf an zu singen, sich selbst auf seinem Instrumente begleitend. Er erhielt abermals große Lobsprüche von allen Anwesenden, und *Charmides* sagte: Was Sokrates vorhin vom Wein anmerkte, scheint mir auch von der Mischung der Schönheit dieser Kinder mit ihren Talenten zu gelten; sie hat nicht weniger Macht die Sorgen zu beschwichtigen und die schlummernde Afrodite aufzuwecken. *Sokrates* versetzte hierauf: Daß diese Leutchen im Stande sind uns Vergnügen zu machen, hat sich deutlich genug gezeigt; gleichwohl bin ich gewiß, in unsern eigenen Augen sind wir bey weitem die bessern Menschen. Wär' es nun nicht schmählich, wenn eine Gesellschaft wie die unsrige, nicht wenigstens versuchte, etwas auf die Bahn zu bringen, wodurch auch wir einander nützlich seyn oder Vergnügen machen würden? Sogleich verlangten Mehrere, daß er den Stoff zu einer Unterhaltung angeben möchte, wodurch dieser Zweck am besten erreicht werden könnte.

Ich für meine Person, sagte *Sokrates*, wünschte mir izt keinen angenehmem Genuß, als das Versprechen, so uns Kallias that, erfüllt zu sehen. Wenn wir bey ihm speisen wollten, sagte er, so wolle er uns eine Probe hören lassen, was er bey seinen Meistern gewonnen habe. Das will ich auch, versetzte *Kallias*, wofern *Ihr* mir versprecht, uns ebenfalls was Jeder Gutes weiß zum Besten zu geben. Du siehst, erwiederte *Sokrates*, daß sich keiner von uns dessen weigert; im Gegentheil, jeder, denke ich, wird uns ohne Bedenken sagen, was, seinem Urtheil nach, das Schätzbarste ist, worauf er sich versteht. Ich also, fuhr *Kallias* fort, sage, das, worauf ich mir am meisten einbilde, ist, daß ich im Stande zu seyn glaube Menschen besser zu machen. Meinst du, fragte Antisthenes, indem du sie irgend eine mechanische Kunst oder die Kalokagathie lehrest? – Die Kalokagathie antwortete Kallias, oder sollte etwa Rechtschaffenheit und Kalokagathie nicht einerley seyn?[14] Beym Jupiter, das sind sie, sagte

---

[14] Daß die Antwort des Kallias, so wie sie gewöhnlich gelesen wird, nicht auf die Frage des Antisthenes paßt, ist handgreiflich. Lieset man mit Joh. Ribit, (dem Verfasser einer lateinischen Uebersetzung dieses Symposions) anstatt: η καλοκαγαθια εστιν η δικαιοσυνη, – »Καλοκαγαθιαν, εφη ο Καλλιας, αλλ' η καλοκαγαθια εστιν η δικαιοσυνη;« so kommt Sinn in die ganze Stelle, und alles

Antisthenes, und so gewiß daß darüber gar kein Zweifel möglich ist. Denn es giebt Fälle, wo es scheint, daß andere Tugenden, als z. B. Herzhaftigkeit oder Klugheit unsern Freunden oder dem Gemeinwesen schädlich werden (folglich Unrecht thun) können; Rechtschaffenheit hingegen läßt in keinem Falle die mindeste Mischung mit Ungerechtigkeit zu. Sobald also, sagte *Kallias,* jeder von uns das nützlichste was er weiß und kann, angezeigt haben wird, werde ich ebenfalls keinen Anstand nehmen, die Kunst zu nennen, durch welche ich das bewirke, wessen ich mich so eben rühmte. Also, du *Niceratus,* sage, auf welche von deinen Kenntnissen du dir am meisten einbildest! Da es (erwiederte er) meinem Vater sehr am Herzen lag daß ein tüchtiger Mann aus mir werden möchte, zwang er mich Homers sämmtliche Werke auswendig zu lernen, und so bin ich nun im Stande die Ilias und die Odyssee von Anfang bis zu Ende aus dem Kopfe herzusagen. Sollte dir wohl unbekannt seyn, sagte *Antisthenes,* daß kein Rhapsode ist, der diese Gedichte nicht ebenfalls auswendig wüßte? Wie könnte mir das unbekannt seyn, versetzte jener, da ich sie beynahe täglich hörte? – Kennst du ein alberneres Volk in der Welt als die *Rhapsoden?* – Nein, beym Jupiter, antwortete *Niceratus,* mir däucht es nicht so. Es ist wohl nicht zu läugnen, sagte *Sokrates,* daß sie den Sinn dessen, was sie uns vorsingen, nicht immer verstehen; allein was geht das dich an, der Männern wie Stesimbrotus und Anaximander und so vielen andern schweres Geld gegeben hat, damit dir nichts wissenswürdiges verborgen bleibe? – Aber lassen wir das ruhn! Du, *Kritobul,* worauf thust *Du* dir am meisten zu gut? – Auf meine Schönheit, erwiederte *Kritobul.* – Kannst du dich etwa auch rühmen, daß du mit deiner Schönheit im Stande seyest uns besser zu machen? – Wenn ich es *nicht* könnte, so ist offenbar, daß ich ein schlechter Mensch seyn müßte. – Aber du, *Antisthenes,* worauf bildest *Du* dir am meisten ein? – Auf meinen Reichthum. – Du hast wohl viel baares Geld im Kasten, sagte *Hermogenes.* – Jener verschwor sich, keinen Groschen. – So besitzest du also viel Landeigenthum? – Möglich, daß es just soviel ist, als Autolykus gebrauchen mag um sich zum Ringen einzustäuben. – Wir werden also hören, wie du deine Worte wahr

---

hängt gehörig zusammen. Non male, sagt Zeune. Mich dünkt jene Verbesserung nothwendig, und ich sehe nicht wie man eine noch bessere finden, oder ohne sie dieser verdorbenen Stelle helfen könnte.

machen wirst. Die Reihe ist nun an dir, *Charmides*, uns zu sagen worauf du stolz bist. – Auf meine *Armuth*. – Bey Gott, ein Ding, das seine Annehmlichkeiten hat! sagte Sokrates; denn nichts ist dem Neide weniger ausgesetzt und wird dem Besitzer weniger streitig gemacht; man braucht es nicht zu hüten, und es gedeihet desto besser je mehr man es verabsäumt. – Aber du selbst, sagte *Kallias*, worauf bist du stolz, *Sokrates*? – Dieser machte ein so langes Gesicht als er konnte, und antwortete im feierlichsten Ernst: auf meine *Kupplerkunst*; und wie sie alle in ein lautes Gelächter über diese Antwort ausbrachen, fuhr er fort: Ihr lacht; aber was ich sehr gut weiß, ist, daß ich ein reicher Mann seyn könnte, wenn ich von meinem Talent in dieser Kunst Gebrauch machen wollte. Dich, sagte *Lykon* auf den *Filippus* deutend, braucht man wohl nicht erst zu fragen, daß du auf deine Kunst lachen zu machen stolz bist? – Und das mit besserm Recht, sollt' ich meinen, als der Schauspieler *Kallipides*, dem es so übermäßig hoch angerechnet wird, daß er die Leute weinen machen kann. – Aber wolltest du, o *Lykon*, sagte *Antisthenes*, uns nicht auch vertrauen worauf du am stolzesten bist? – Als wüßtet Ihr nicht alle schon, daß ich es auf diesen meinen Sohn bin. – Und daß dein Sohn, sagte Jemand,[15] es auf den Sieg ist, den er heut' erhalten hat, versteht sich auch von selbst. – O Nein, das bin ich wahrlich nicht, versetzte *Autolykus* erröthend. Das Vergnügen, den schönen Jüngling endlich einmal einen Laut von sich geben zu hören, wandte plötzlich wieder alle Augen auf ihn; und worauf bist du es denn, Autolykus, fragte ihn einer: auf meinen Vater, erwiederte er und beugte sich zugleich gegen den Alten hin. Als Kallias dies sah, sagte er: Weißt du auch, Lykon, daß du der reichste aller Menschen bist? – Beym Jupiter, das ist gerade was ich *nicht* weiß. – Du denkst also nicht daran, daß du deinen Sohn nicht gegen alle Schätze des Königs (von Persien) vertauschen würdest? – Da du mich so über der That ertappt hast, so werd' ich dir wohl alles gestehen müssen was du verlangst. – Endlich wurde auch *Hermogenes* gefragt, und seine Antwort war, das, worauf er sich am meisten zu Gute thue, sey die Vortrefflichkeit und Vielvermögenheit seiner Freunde, und daß sie mit so großen Vorzügen dennoch so vielen

---

[15] Vermuthlich Xenofon selbst, der aus Bescheidenheit sich nicht nennt, und bey der ganzen Unterhaltung einen bloßen Zuhörer abgegeben zu haben scheinen will.

Antheil an ihm nähmen. Diese Rede richtete die allgemeine Aufmerksamkeit auf ihn, und er wurde von mehrern gefragt, ob er ihnen diese Freunde wohl nennen wollte? Ohne Bedenken, wenn euch ein Gefallen damit geschieht, war seine Antwort.

IV.

So wäre denn nichts übrig, sagte *Sokrates*, als daß ein Jeder uns nun auch zu überzeugen suchte, daß der Vorzug worauf er sich am meisten einbildet, wirklich von so großem Werthe sey. Hört mich zuerst, rief *Kallias*. Während ihr andern euch die Köpfe zerbrecht, was Recht sey, mache ich rechtschaffnere Menschen. – Und *wie* machst du das, mein Bester? – Ich gebe ihnen Geld. – Bey diesem Worte, stand *Antisthenes* mit der Miene eines Kämpfers, der den Gegner schon zum Voraus unter seinen Füßen sieht, gegen Kallias auf und fragte ihn: ob er glaube daß diese Menschen die Rechtschaffenheit im Beutel oder in der Seele trügen? – Doch wohl in der Seele, sagte *Kallias*. – Und du machst ihre Seelen rechtschaffner, indem du Geld in ihren Beutel wirfst? – Ganz gewiß! – Wie gienge das zu? – Wenn sie sich im Besitz dessen sehen, womit sie sich alles Benöthigte anschaffen können, werden sie nicht auf ihre Gefahr Böses thun wollen. – Geben sie dir aber wieder was sie von dir empfangen haben? – Nein beym Jupiter! – Was kriegst du denn von ihnen für dein Geld? Doch wenigstens Dank? – Auch den nicht! Manche werden mir sogar noch aufsätziger als bevor sie was von mir empfiengen. – Wunderbar, rief *Antisthenes*, indem er ihm mit triumfierendem Blick scharf in die Augen sah, daß du die Leute gerecht gegen andere machen kannst, nur nicht gegen dich selbst! – Und was ist daran wunderbares? sagte *Kallias*. Siehst du nicht Zimmerleute und Baumeister in Menge, welche andern Leuten Häuser bauen, wiewohl sie sich selbst keine bauen können, sondern in gemietheten wohnen? Nimm es nicht übel, Sofist, daß ich dich mit deiner eigenen Münze bezahle. Das wird er auch nicht, fiel *Sokrates* ein; sagt man doch auch von den Wahrsagern, sie könnten andern Leuten künftige Dinge vorhersagen, und sehen doch nicht was ihnen selbst bevorsteht. Hiemit wurde dieser kleine Zwist schlafen gelegt.

Niceratus nahm izt das Wort. Höret nun auch, um was Ihr besser werden könnet, wenn Ihr euch zu mir haltet. Ihr alle wisset ohne Zweifel, daß Homer, der gelehrteste unter den Dichtern ist, und daß seine Werke als ein Inbegriff aller menschlichen Wissenschaft und Kunst betrachtet werden können. Wer also unter Euch ein trefflicher Hauswirth, Staatsmann oder Kriegsbefehlhaber, ein Achilles oder Ajax, oder Nestor oder Odysseus zu werden wünschet, mag sich nur um meine Gunst bewerben, denn das alles weiß ich auf ein Haar. – So könntest du wohl auch einen König vorstellen? fragte *Antisthenes*; da, wie du weißt, Agamemnon als ein *trefflicher König und tapfrer Streiter* von Homer[16] gerühmt wird; – O! Zum Jupiter, ich weiß wohl noch mehr; ich weiß auch wie ein Wagenführer, wenn er sich der Säule nähert, umlenken muß:

> Selber zugleich dann beug in dem schöngeflochtenen Sessel
> Sanft zur Linken dich hin, und das rechte Roß des Gespannes
> Treib mit Geißel und Ruf und laß ihm die Zügel ein wenig.[17]

Aber ich weiß noch was anderes, wovon ihr sogleich die Probe machen könntet. Homer spricht irgendwo von *trunkeinladenden Zwiebeln*;[18] wenn uns also jemand Zwiebeln verschaffen wollte, könntet Ihr euch sogleich durch die Erfahrung überzeugen, wie nützlich es ist im Homer bewandert zu seyn; denn der Wein würde euch desto besser schmecken. – Ihr merket doch, sagte *Charmides*, warum Niceratus nach Zwiebeln riechen möchte wenn er zu Hause kommt? Es ist bloß daß seine junge Frau glauben soll, es habe niemand nur daran denken können ihm einen Kuß zu geben. Dafür, sagte *Sokrates*, könnten die Zwiebeln leicht uns Andere in einen lächerlichen Ruf bringen. Homer nennt, wie es scheint die Zwiebel OPSON, weil sie nicht nur dem Wein sondern auch dem Brodt und andern Speisen einen angenehmem Geschmack giebt. Wenn wir nun auch nach der Mahlzeit Zwiebeln nascheten, möchte man uns wohl gar nachsagen, wir hätten es gethan, um uns wieder zum essen zu reitzen, und wir seyen bloß zu Kallias gekommen um recht tüchtig zu schwelgen.[19] Das ist mit nichten zu besorgen, versetzte

---

16

17 u. f. nach der Vossischen Uebersetzung.

18

19 Es ist sonderbar daß es vor Hn. P. Mosche niemanden aufgefallen ist, daß die Rede des Sokrates nach der gewöhnlichen Leseart geradezu abgeschmackt ist. Ich zweifle nicht, dieser mein gelehrter Vorgänger habe Recht, da er glaubt, die Wörter σιτον und ποτον seyen durch ein Versehen der Abschreiber eins für das

Kallias: stecken doch auch viele Soldaten, bevor sie in ein Treffen gehen, heimlich Zwiebeln in den Mund, aus der nämlichen Ursache, warum Einige den Kampfhähnen, bevor sie an einander gelassen werden, Knoblauch zu essen geben. Aber wir, scheint es, legen es mehr aufs küssen als aufs fechten an.

Da Niceratus keine Miene machte weiter etwas beyfügen zu wollen, sagte *Kritobul*: soll ich euch nun auch sagen, warum *ich* auf meine *Schönheit* stolz bin? – Rede, riefen Sie. Ich setze nämlich als ausgemacht voraus daß ich schön *bin*; denn falls ich es *nicht* wäre, so hättet ihr Alle von Rechtswegen die Strafe der Betrügerey verdient, da ihr mich unaufhörlich versichert daß ich schön sey, und sogar dazu schwört, wiewohl euch Niemand den Eid deswegen abfodert. Ich muß euch also glauben, da ich nicht anders weiß als daß Ihr biedere Männer seyd. Bin ich aber wirklich schön, und fühlt Ihr für *mich*, was *ich* für den, der *mir* schön vorkommt, fühle, so schwör' ich bey allen Göttern, ich wollte meine Schönheit nicht gegen das Reich des Königs[20] tauschen. Denn ich gestehe, daß ich am Anschauen des Klinias[21] mehr Vergnügen finde als an allem andern was die Menschen schön nennen, und daß ich, wenn ich nur Ihn allein noch sehen könnte, mit Freuden für alles übrige blind seyn wollte. Ich zürne der Nacht und dem Schlaf weil sie mir seinen Anblick entziehen; dem Tag hingegen und der Sonne weiß ich für nichts so großen Dank, als daß sie mir den Klinias sichtbar machen. Noch ein Vorzug, worauf wir andere schöne Leute mit Recht stolz seyn können, ist dieser, daß, um sich geltend zu machen, der Starke arbeiten, der Beredte seine Lunge anstrengen, der Tapfre Leib und Leben wagen muß, der Schöne hingegen alles, was er will, ausrichtet, ohne daß er einen Finger zu rühren braucht. Indessen, ob ich schon den Werth des Reichthums nicht verkenne, wollt' ich doch

---

andere gesetzt worden, so daß man ποτον lesen müsse wo σιτον und σιτον wo ποτον steht.

[20] Des K. von Persien nämlich, sonst von den Griechen der große König genannt. In diesem Gastmahl wird er ein paar Mal schlechtweg der König genannt, als ob jenes Beywort überflüssig sey und es keinen andern der Rede werthen König gebe, als den Persischen.

[21] Man sieht, daß Kritobul von seiner Leidenschaft für den schönen Klinias, den jüngern Bruder des Alcibiades, als von einer allen Anwesenden bekannten Sache spricht.

lieber was ich habe dem Klinias geben, als alles übrige von einem andern empfangen, und lieber Sklav als frey seyn, wenn Klinias mein Herr seyn wollte; denn es würde mich leichter ankommen ihm zu arbeiten und die größten Gefahren für ihn zu laufen, als ohne ihn der Ruhe zu pflegen und in voller Sicherheit zu leben. Im übrigen, lieber Kallias, wenn du auf deine Gabe die Menschen rechtschaffner zu machen stolz bist, so behaupte ich, daß ich noch geschickter[22] sey als du, sie zu jeder Tugend anzuspornen. Denn durch den Zauber, womit wir andern Schönen auf unsre Liebhaber wirken, machen wir sie uneigennütziger und freygebiger, ruhmbegieriger und thätiger, besonders auch enthaltsamer und schamhafter als sie sonst waren, da sie sich sogar ihr dringendstes Bedürfniß zu gestehen schämen. Daß man bey Erwählung der Kriegsbefehlshaber nicht vorzüglich auf die Schönheit sieht, ist sehr thöricht. Welche Wunder müßte ein Feldherr thun, der so viele Liebhaber als Soldaten hätte! Ich wenigstens würde mit Klinias durch Feuer und Flammen gehen und ich bin gewiß Ihr alle gienget mit. Du wirst also hoffentlich nicht länger zweifeln, Sokrates, daß meine Schönheit der Welt großes Heil bringen könnte. Uebrigens ist der Umstand, daß die Blütezeit der Schönheit von keiner langen Dauer ist, kein Grund warum sie weniger zu achten wäre; denn wer als Knabe schön war, wird auch als Jüngling, Mann und Greis noch schön bleiben. Ein Beweis hievon ist, daß zu den *Thalloforen* der Athene[23] immer die schönsten Greise ausgewählt werden müssen; was die Meinung voraussetzt, daß die Schönheit ihren Besitzer durch alle Stufen des Alters begleite. Uebrigens und da du mir eingestehen wirst, daß es angenehm sey wenn uns Andere aus eigener Bewegung geben was wir wünschen, weiß ich gewiß, daß ich auf der Stelle und ohne ein Wort zu sprechen diesen Knaben und dieses Mädchen leichter bereden wollte mir einen Kuß zu geben, als du, mein guter Sokrates, wenn du eine noch so lange und gelahrte Rede deswegen an sie hieltest.

---

[22] Das Wort δικαιος kommt auch noch in den Sokratischen Denkwürdigkeiten B. IV. 4. in dieser Bedeutung vor und die von H. Mosche vorgeschlagene Veränderung des δικαιοτερος in ικανωτερος dürfte daher unnöthig seyn.

[23] Bey dem feierlichen Aufzug an den Panathenäen giengen auch eine Anzahl alter Männer mit grünen Zweigen in den Händen, welche deswegen θαλλοφοροι hießen.

Wie? Was soll das heißen? rief *Sokrates*: ich glaube gar du bildest dir ein daß du schöner seyst als ich?

Das sollt' ich meinen, beym Jupiter! oder ich müßte nur unter allen *Silenen* unsrer Satyrspiele der häßlichste seyn. – Er sagte dies, weil Sokrates wirklich eine auffallende Aehnlichkeit mit diesen Waldgöttern hatte.

Lassen wirs jetzt gut seyn, versetzte *Sokrates*; aber vergiß mir ja nicht, daß wir, sobald die übrigen ihre Beyträge zu der angefangenen Unterhaltung gegeben, unsere Fehde über die Schönheit auszufechten haben werden. Und da *Paris* der Sohn *Priamus* nicht hier ist den Streit zu entscheiden, so mögen eben diese, die dich (wie du dir schmeichelst) so gerne küssen möchten, unsre Richter seyn.

Du willst es also nicht auf den Ausspruch des Klinias ankommen lassen, Sokrates?

Kannst du denn gar nicht aufhören immer an Klinias zu denken? sagte dieser.

Und glaubst du, ich denke weniger an ihn wenn ich ihn nicht *nenne*? Weißt du nicht daß ich ein so getreues Bild von ihm in meiner Seele trage, daß wenn ich Bildner oder Mahler wäre, ich ihn bloß nach diesem Bild eben so vollkommen treffen wollte als ob er leibhaftig vor mir stände?

Wenn das ist, warum giebst du dir denn so viele unnöthige Mühe und treibst dich immer überall herum, um ihn zu Gesichte zu bekommen?

Das kann ich dir leicht erklären, lieber Sokrates. Die Ursache ist, weil es mir großes Vergnügen macht, ihn Selbst anzuschauen, das Anschauen des Bildes hingegen mir keinen Genuß giebt, sondern nur die Sehnsucht nach ihm rege macht.

Hier konnte *Hermogenes* nicht länger schweigen. Aber das kann ich unmöglich an dir gut heißen, Sokrates, sagte er, daß du dem Kritobul eine so übermäßige Leidenschaft nachsiehst.

Glaubst du denn, sagte *Sokrates*, daß er erst, seitdem er sich zu *mir* hält, damit behaftet sey? – Seit wann also? – Siehst du nicht daß diesem die Milchhaare noch an den Ohren hinkriechen, da sie hingegen beym Klinias schon aufwärts steigen? Kritobul gieng mit

Klinias in eben dieselben Schulen; dies war der Zeitpunkt, wo er so gewaltig für ihn zu entbrennen begann. Sobald sein Vater es gewahr wurde, übergab er ihn mir, ob ich ihm etwa helfen könnte. Und wirklich steht es schon um vieles besser mit ihm. Denn vorher sah er immer, wie einer der die *Gorgonen* erblickt hat, so steinern auf Klinias hin, und stand auch so steinern da wenn er sich von ihm entfernen sollte; jetzt hingegen hab ich sogar schon gesehen, daß er nur nach ihm blinzelte. Und doch – so wahr mir die Götter gnädig seyen! dünkt mich (aber daß es unter uns bleibt!) er habe ihn wirklich schon einmal geküßt,[24] was unstreitig der allergefährlichste Zunder der Liebe ist. Denn der Kuß ist etwas unersättliches, und erweckt immer gewisse süße Hoffnungen. Vielleicht trägt auch das etwas bey ihm einen höhern Werth zu geben, weil unter allen Werken der Liebe diese Lippenberührung allein mit dem was das eigenthümliche Werk der Seele ist, einerley Namen hat.[25] Ich behaupte also, wer seiner Selbst immer mächtig zu bleiben wünscht, muß sich der Küsse schöner Personen enthalten.

Aber, sagte *Charmides*, wie kommt es doch, Sokrates, daß du uns, deine Freunde, mit solchen Schrecklarven von den Schönen wegzuscheuchen suchst, da ich doch, so wahr mir Apollo helfe, mit diesen meinen Augen gesehen habe, wie du Selbst, als Ihr beyde du und Kritobul in der Schule etwas in dem nämlichen Buche aufsuchtet, deinen Kopf an seinem Kopf und deine nackte Schulter auf seiner nackten Schulter liegen hattest? – Leider! sagte Sokrates; dafür schmerzte mich auch die Schulter über fünf Tage lang nicht anders als ob ich von einem wilden Thiere gebissen worden wäre, und mich däuchte als ob ich sogar im Herzen selbst ich weiß nicht was für ein brennendes Jucken fühlte. Ich nehme also alle diese Ehren-

---

[24] Nämlich bevor er unter die Aufsicht des Sokrates gekommen war. Man könnte glauben, daß dies auf eine Stelle im 3. Kap. des 1sten Buchs der Sokrat. Denkw. zu beziehen sey, wo die Rede von einem Kuß ist, welchen Kritobul einem Sohne des Alcibiades gegeben, und daß der Klinias, für welchen Kritobul eine so schwärmerische Liebe gesteht, nicht der Bruder, sondern der Sohn des Alcibiades gewesen sey. Allein um die Zeit, in welche dieses Gastmahl fällt, konnte Alcibiades, der damals höchstens 32 Jahre alt war, noch keinen Sohn haben, an dem der Backenbart schon sichtbar wurde. Die in den Denkw. erwähnte Anekdote muß also um mehrere Jahre später seyn als der Kuß, von welchem hier die Rede ist.

[25] Die Griechen gebrauchen das Wort φιλειν für lieben und küssen.

männer zu Zeugen, Kritobul, daß ich dir hiemit ein für allemal untersagt haben will, mich nicht eher anzurühren, bis dein Kinn so behaart seyn wird als dein Kopf.

In diesem Ton hatten sie eine Weile Scherz und Ernst in einander gemischt, als *Kallias*, um die Unterhaltung wieder ins Geleise zu bringen, zu *Charmides* sagte: es ist nun an dir, Charmides, uns zu eröffnen, warum du auf deine Armuth stolz bist.

Charmides fieng also an: Ich setze als etwas allgemein anerkanntes voraus, daß es besser ist gutes Muths zu seyn als zu zittern; daß ein freyer Mann besser daran ist als ein Knecht; daß jedermann sich lieber aufwarten läßt als selbst aufwartet, und daß in seinem Vaterland etwas zu bedeuten besser ist als das Gegentheil. Welches von beyden, in Athen wenigstens, das Loos der Reichen oder der Armen sey, davon kann ich ein Wort aus Erfahrung sprechen. So lange ich reich war, schwebte ich immer in Furcht, daß mir Jemand in mein Haus einbrechen, und mich bestehlen oder gar persönlich mißhandeln möchte. Den Sykofanten[26] machte ich fleißig die Aufwartung, weil ich nur zu gut wußte, daß sie mir mehr Böses zufügen konnten als ich ihnen. Ueberdies wurde mir (von Obrigkeits wegen) alle Augenblicke irgend ein Befehl zugeschickt, bald diese bald jene Ausgabe für die Republik zu machen; und aus der Stadt mich nach Belieben zu entfernen, war mir keineswegs erlaubt. Itzt hingegen, da ich meine Güter im Auslande verloren habe, aus denen, die ich noch in Attika besitze, keinen Nutzen ziehe, und alles, was ich im Hause hatte, verkauft ist, seitdem kann ich der Länge nach ausgestreckt ruhig bis an den hellen Morgen schlafen, gelte in der Republik für einen wohlgesinnten Bürger,[27] und brauche mich vor Nie-

---

[26] Die Sykofanten machten eine zahlreiche, gefährliche und verhaßte Klasse von Menschen zu Athen aus, welche vorzüglich den vornehmen und reichen Bürgern auf den Dienst lauerten. Ursprünglich waren sie mit den Delatoren unter den alten Römischen Kaisern und mit den MOUCHES, der Polizey in Paris von einerley Handwerk und Karakter: in der Folge erweiterte sich die Bedeutung dieses Wortes, und wurde mit CHICANEUR, Rabulist und Schurke ziemlich gleichbedeutend.

[27] In der damaligen höchst verdorbenen Demokratie von Athen waren die Eupatriden und Begüterten, als geborne Freunde der Aristokratie, übler Gesinnungen gegen den Staat, d. i. gegen die Volksregierung verdächtig; aus gleichem

mand zu fürchten, sondern bin vielmehr Andern furchtbar. Ob ich in der Stadt bleiben oder außer Landes gehen will, steht bey mir; ja ich hab' es schon so weit gebracht, daß die Reichen vor mir aufstehen, um mir ihre Sitze im Theater anzubieten, und mir weichen, wenn wir uns auf der Straße begegnen. Ich bin also dermalen wie ein kleiner Fürst in Vergleichung mit meiner vorigen knechtischen Lage. Damals mußt' ich der Republik Steuern und Abgaben bezahlen, izt ist sie *mir* zinsbar, weil sie mich nähren muß. Wie ich noch reich war, wurde mir mein Umgang mit Sokrates zum Vorwurf gemacht; izt, da ich arm bin, kümmert sich Niemand mehr darum. Als ich noch viel hatte, nahm bald der Staat bald der Zufall immer etwas davon weg; izt hab' ich nichts mehr zu verlieren, aber dafür die Hoffnung immer etwas zu bekommen.

Grunde galten die armen Bürger, als geborne Feinde der Reichen, für die Wohlgesinnten.

Bey dieser Bewandtniß, sagte Kallias, betest du ohne Zweifel täglich, ja nicht wieder reich zu werden, und wenn dir etwa von einem unverhofften Glücksfall träumt, opferst du sogleich den Nothhelfern,[28] um die böse Vorbedeutung abzuwenden? Das thue ich nun wohl eben nicht, versetzte Charmides, im Gegentheil ich laß es auf die Gefahr ankommen, wenn ich irgendwo etwas zu erhaschen Hoffnung sehe.

Nun wurde auch *Antisthenes* vom Sokrates aufgefodert, der Gesellschaft zu entdecken, wie er, in so knappen Umständen als er bekanntermaßen war, auf seinen Reichthum stolz sey. – Das kommt daher, ihr Männer, sagte er, weil ich der Meinung bin, Reichthum und Armuth liege nicht in unsern Häusern, sondern in unsern Seelen. Denn ich sehe eine Menge ungebildeter Leute, die bey vielem Geld und Gut sich dennoch so arm dünken, daß keine Arbeit noch Gefahr ist, der sie sich nicht unterziehen um mehr zu erlangen. Ich kenne Brüder, von denen, wiewohl ihre Erbtheile gleich waren, der eine genug und mehr hat als er braucht, der andere hingegen nie ausreichen kann und an allem Mangel hat. Ich sehe auch Tyrannen, deren Heißhunger nach Gold so heftig ist, daß sie seinetwegen größere Abscheulichkeiten begehen, als die Unglücklichen, die der Mangel zur Verzweiflung treibt. Denn daß es Menschen giebt, welche Diebstahl, gewaltsame Einbrüche oder Menschenraub begehen, geschieht doch nur aus Dürftigkeit: hingegen giebt es Tyrannen, die, bloß um Geld auf Geld zu häufen, ganze Familien zu Grunde richten, Menschen schaarenweise morden, ja oft die Einwohner ganzer Städte zu Sklaven verkaufen lassen. Ich gestehe daß mich diese Leute nicht wenig jammern, da ich sie mit einer Krankheit behaftet sehe, die von einerley Art mit derjenigen ist, wo der Kranke immer essen muß und doch nie satt wird. Ich für meinen Theil würde in der That Mühe haben zu finden was ich habe; gleichwohl bleibt mir, wenn ich esse bis mich nicht mehr hungert, und trinke bis mich nicht mehr dürstet, immer noch was übrig; und gekleidet bin ich so gut, daß ich außer dem Hause gewiß nicht mehr friere als dieser unser Freund Kallias, der einer der reichsten Männer in

---

[28] In dem Katholischen Deutschland sind 14 Heilige unter dem Namen der Vierzehn Nothhelfer bekannt. Die Griechen hatten auch ihre Nothhelfer, die man unter dem Namen Αποτροπαιοι, Abwender (des Bösen nämlich) anzurufen pflegte.

Athen ist. Bin ich aber zu Hause, so dünken mich meine vier Wände eine sehr warme Kleidung und das Sparrwerk meines Daches ein sehr dicker Ueberrock; und mit meinem Lager bin ich so wohl zufrieden, daß es mir nicht wenig Mühe kostet wenn ich einmal liege wieder aufzustehn.[29] Kommt mich zu Zeiten etwa noch ein anderes natürliches Bedürfniß an, so bin ich auch in diesem Punkt so genügsam, daß diejenigen, an die ich mich wende, mir ganz erstaunlich schön thun, weil kein Andrer in der Welt etwas mit ihnen zu schaffen haben möchte. Alle diese Dinge dünken mich im Genuß so angenehm, daß ich, weit entfernt zu wünschen sie möchten es noch mehr seyn, vielmehr einige von ihnen bereits reizender finde als dienlich ist.[30] Das Schätzbarste an meinem Reichthum ist indessen, daß wofern mir Jemand alles was ich izt besitze nähme, ich keine Arbeit kenne, die mir nicht, wie schlecht sie auch bezahlt würde, soviel eintragen sollte als ich brauche. Will ich mir zuweilen recht gütlich thun, so – kaufe ich mir freylich nicht das Beste was auf dem Markte zu haben ist, denn das ist für mich zu theuer, sondern ich mache meine Laune zu meiner Schaffnerin und das Gemeinste verwandelt sich in meiner Einbildung in das Köstlichste. Auch ist jeder Genuß, für den ich den Augenblick des Bedürfnisses erwarte, ungleich angenehmer als das Köstlichste ohne Bedürfniß – wie z. B., der Fall mit diesem Wein von Thasos ist, den ich, weil ich zufälliger Weise an ihn gerathen bin, ohne Durst trinke. Uebrigens ist ganz natürlich, daß diejenigen immer die rechtschaffnern seyn werden, die sich mit einer geringem und wohlfeilern Lebensweise behelfen,

---

[29] Etwa darum, weil er auf dem ebnen Boden schlief.

[30] Auch hier folge ich der Vermuthung des Hn. Pr. Mosche, daß statt der gewöhnlichen Lesart, ηττον δε, ουτω μοι δοκει ενια κ.τ.λ. zu lesen sey. Hn. Pr. Zeunes Vorschlag, statt ηττον, ηττονι zu lesen, weil ηττον τουτων hier füglich heißen könne, HIS REBUS FRUENS, oder UBI ILLIS INDULGERE COEPI, scheint mir nur dann vorzuziehen, wenn Antisthenes hätte sagen wollen, wenn ich mich von ihnen zum Uebermaß hinreißen lasse; welches aber, seinen Grundmaximen zu Folge, bey ihm nie der Fall war. Wofern er es aber hätte sagen wollen, so ließe sich diese Bedeutung aus andern Stellen, in Xenofon und Platon rechtfertigen; da mir hingegen kein Beyspiel bekannt worden ist, wo ηττον τουτων HIS REBUS FRUENS hieße. Eher möchte ηττονι angehen, wenn man annähme, es sey soviel als, HIS REBUS (den APHRODISIIS) NATURAE STIMULO COACTUS SUCCUMBENS, – was denn auch wohl die Meinung des Antisthenes gewesen seyn mag.

als die für ihre vielen Bedürfnisse viel Geld nöthig haben. Wem das erste, was er vorfindet, genügt, der wird sich nicht leicht fremdes Eigenthum gelüsten lassen. Aber auch das verdient bemerkt zu werden, wie edel und freygebig diese Art von Reichthum seine Besitzer macht. Dieser Sokrates hier, von welchem ich ihn bekam, hat ihn mir weder zugezählt noch zugewogen, sondern soviel ich davon tragen konnte, soviel gab er mir. Auch halte ich nun mit dem Meinigen eben so wenig zurück; vielmehr mach' ich mir ein Vergnügen daraus, meinen Freunden zu zeigen wie reich ich bin, und theile die Schätze in meiner Seele mit Jedem der Lust dazu hat. Endlich verläßt mich auch das köstlichste aller Güter, die Muße, nie, wie Ihr sehet; ich habe ihrer immer soviel, als ich brauche um alles Sehenswürdige zu sehen, alles Hörenswürdige zu hören, und was mir über alles geht, ganze Tage mit Sokrates zuzubringen. Auch er schätzt die Menschen nicht nach dem Golde das sie zu zählen haben, sondern giebt sich bloß mit denen, die ihm gefallen, ab.

Als Antisthenes zu reden aufgehört hatte, sagte *Kallias*: Bey der großen Götterkönigin, ich finde deinen Reichthum zwar auch in allem übrigen beneidenswürdig, aber besonders zweyer Stücke wegen: Erstens, daß die Republik dir keine Befehle zuschickt, denen du wie ein Sklave gern oder ungern gehorchen mußt; und dann, daß die Leute nicht böse auf dich werden, wenn du ihnen kein Geld borgst. Des letztern wegen brauchst du ihn eben nicht länger zu beneiden, sagte *Niceratus*, denn ich gedenke ihm nächstens vors Haus zu rücken und ihm seine Kunst nichts zu bedürfen, abzuborgen. Denn seitdem mich Homer rechnen gelehrt hat,[31]

> Zehen Talente Goldes, dazu dreyfüßiger Kessel
> Sieben, vom Feuer noch rein, und zwanzig schimmern-
> de Becken,
> Auch zwölf mächtige Rosse –

Seitdem hab' ich nie aufgehört, mir recht viel Reichthum, von dem nämlich der sich wägen und zählen läßt, zu wünschen; und daher kann es leicht seyn, daß ich manchen etwas zu habsüchtig vor-

---

31

komme. Hier lachten alle laut auf, daß er die Wahrheit, wie sie glaubten, so offenherzig gesagt habe.

Nun ist es an dir, *Hermogenes*, sagte einer, uns die Freunde zu nennen, deren du dich rühmtest, damit man sehen kann, ob sie wirklich so vielvermögend, als du vorgabst, sind, und soviel Antheil an dir nehmen, daß du Ursache hast, stolz auf sie zu seyn. Er ließ sich also folgender Maßen vernehmen.

Bekanntlich kommen Griechen und Barbaren in dem Glauben überein, daß die Götter alles Gegenwärtige und Zukünftige wissen. Daher pflegen denn auch alle Staaten und Völkerschaften die Götter durch die Wahrsagerkunst zu befragen, was sie (in zweifelhaften Fällen) thun oder lassen sollen. Ueberdies halten wir uns hoffentlich alle überzeugt, daß es in ihrer Macht stehe, uns sowohl Gutes als Böses zu thun; und so beten wir denn auch alle zu den Göttern, das Böse von uns zu entfernen, und Gutes uns zuzuwenden. Diese alles wissende und alles vermögende Götter sind mir so sehr gewogen, daß sie Tag und Nacht, überall wo ich gehe und stehe, und bey allem, was ich beginne, für mich sorgen und Acht auf mich haben. Da sie nun von allem was geschieht die Folgen voraussehen, so geben sie mir auch immer durch ihre Boten, Orakel, Träume und andere Zeichen, zu erkennen, was ich thun oder lassen soll. Auch hab' ich, wenn ich ihnen gehorchte, nie Ursache gefunden es mich reuen zu lassen, wohl aber bin ich, so oft ich ihnen nicht glaubte, allemal dafür gezüchtigt worden.

An allem diesem, sagte *Sokrates*, ist nichts unglaubliches; aber wohl möcht' ich gerne von dir hören, durch welche Dienste du Sie so sehr zu deinen Freunden machst. Die Wahrheit zu sagen, erwiederte *Hermogenes*, ich komme sehr wohlfeil dazu. Ich lobe und preise sie, was mich nichts kostet, und von allem, was Sie mir geben, geb' ich Ihnen etwas wieder; auch laß' ich, soviel mir möglich ist, kein Wort von böser Bedeutung über meine Zunge gehen, und wo ich Sie zu Zeugen anrufe, rede ich wissentlich nie eine Unwahrheit. – Beym Jupiter, sagte *Sokrates*, wenn du dir die Götter *dadurch* zu Freunden machen kannst, so müssen auch Sie, scheint es, an der *Kalokagathie* Gefallen tragen.

Der ernsthafte Ton, worein man durch die Rede des Hermogenes gerathen war, machte bald wieder einem aufgewecktern Platz, da die Reihe an *Filippus* kam, und er gefragt wurde, was er denn an seinem Lustigmacher-Handwerk so großes sehe, um sich viel darauf einzubilden? – Wie? rief er, will es etwa nichts sagen, daß, da ich allgemein für einen Spaßvogel bekannt bin, die Leute bey allen fröhlichen Gelegenheiten mich von freyen Stücken rufen lassen; wenn ihnen hingegen was Böses zustößt, so eilig vor mir laufen, daß sie sich nicht getrauen umzuschauen, so groß ist ihre Furcht sie möchten wider ihren Willen lachen müssen? – Beym Jupiter, sagte *Niceratus*, darauf hast du alle Ursache dir was einzubilden. Mir begegnet gerade das Gegentheil. Diejenigen unter meinen Verwandten, denen es glücklich geht, weichen mir schon von Ferne aus; die hingegen mit denen es schlecht steht, beweisen mir mit dem Stammbaum in der Hand daß sie meine Vettern sind, und ich kann sie gar nicht wieder los werden.

Das mag gut seyn, sagte *Charmides*. Aber du, Syrakusier, worauf thust *du* dir wohl am Meisten zu Gut? Vermuthlich auf deinen schönen Knaben hier? – Nein, bey Gott nicht! war seine Antwort; ich bin vielmehr seinetwegen immer in großen Aengsten; denn ich habe bereits ihrer Mehrere ausgespürt, die ihm nachstellen und ihn zu Grunde richten möchten.

Großer Gott! sagte *Sokrates*, der dies gehört hatte, was für eine schwere Beleidigung können sie von dem Knaben erlitten haben, daß sie ihn umbringen wollen?

Sie wollen ihn auch nicht umbringen, sie wollen ihn nur verführen bey ihnen zu schlafen.

Und du glaubst, wenn dies geschähe, würd' es ihn zu Grunde richten?

Beym Jupiter ganz und gar!

Du selbst schläfst also nicht bey ihm?

Ja wohl, zum Jupiter! alle Nächte, ohne daß er je von meiner Seite kommt.

Da hast du wahrlich dich eines besondern Vorzugs zu rühmen, wenn deine Haut die Eigenschaft hat, daß du allein deinem Schlafgesellen keinen Schaden zufügst! Wenn auch auf nichts anders, kannst du wenigstens auf ein solches Fell stolz seyn.

Das ist es aber ganz und gar nicht, worauf ich stolz bin.

Nun worauf denn?

Zum Jupiter, auf die Narren, die mir Geld dafür geben, daß ich ihnen meine Gauckeleyen zeige. – *Das* war es also, sagte *Filippus*, warum ich dich neulich die Götter bitten hörte, sie möchten geben, daß überall, wo du hinkämest großer Ueberfluß an Lebensmitteln und großer Mangel an Menschenverstand herrschen möge?

Auch gut, sagte *Kallias*. Nun wäre also nichts übrig, als wie uns *Sokrates* beweisen will, daß es seiner würdig sey, auf eine so unrühmliche Kunst, als er uns vorhin nannte, stolz zu seyn.

Vor allen Dingen, versetzte *Sokrates*, muß zwischen uns ausgemacht werden, worin die Verrichtungen eines Kupplers bestehen. Ihr werdet Euch also gefallen lassen, die Fragen, die ich an Euch thun werde, zu beantworten, damit wir sehen, wiefern wir hierin zusammentreffen. Ist Euch das recht?

Allerdings, sagten sie; und eben so lauteten alle ihre folgenden Antworten.

Dünkt Euch nicht auch, es liege einem tüchtigen Kuppler ob, daß er den oder die, so er an den Mann bringen möchte, in den Stand setze, den Personen, mit welchen sie Umgang pflegen sollen, zu gefallen? – Allerdings, sagten sie. Gehört unter die Dinge, wodurch man gefällt, nicht auch ein wohlgehaltnes oder zierlich geflochtenes Haar und eine nette Kleidung? – Allerdings.

Auch wissen wir, daß man einen mit eben denselben Augen freundlich oder feindselig ansehen kann. – Allerdings.

Und daß der nämlichen Stimme ein sanfter und sittsamer, oder ein greller trotziger Ton gegeben werden kann. – Allerdings.

Ingleichen daß es gewisse Redensarten und Ausdrücke giebt, welche Widerwillen, und wieder andere, welche Zuneigung einflößen? – Allerdings.

Wird also ein guter Kuppler seine Zöglinge nicht in allen diesen Stücken so abrichten und zustutzen, daß sie gefallen müssen? – Allerdings.

Welcher aber würde der Bessere seyn, wer sie nur einem Einzigen, oder wer sie Vielen angenehm zu machen wüßte? – Hier theilten sich die Stimmen: einige sagten, offenbar der letztere; andere platzten mechanisch mit ihrem gewohnten Allerdings heraus.

Wir sind also, wie ich sehe, hierin Eines Sinnes, fuhr Sokrates fort: wer seine Zöglinge so zu bilden wüßte, daß sie der ganzen Stadt gefielen, würde der nicht unstreitig ein vortrefflicher Kuppler seyn? – Unstreitig, beym Jupiter! riefen sie alle.

Wenn also Einer seine Untergebnen zu solchen allgemein gefallenden Menschen machen könnte, hätte der nicht Ursache auf seine Kunst stolz zu seyn, und könnt' er nicht mit Recht einen ansehnlichen Lohn dafür nehmen? Wie sich nun Alle auch hierin beyfällig erklärten, fuhr er fort: So einer dünkt mich – *dieser Antisthenes* hier zu seyn. – Mir, Sokrates! rief dieser aus, mir legst du diese Kunst bey? –

O gewiß! Seh' ich doch, daß du dich auch mit ihrer Kammerzofe sehr stark abgiebst! – Und wer wäre diese? – Die Gelegenheitsmacherey.[32] Wie? was? schrie *Antisthenes*, äußerst über diese (vermeinte) Beschuldigung aufgebracht; wo hast du mich jemals so etwas verüben sehen? – Ich weiß z. B. (versetzte *Sokrates* ganz gelassen) daß du diesen Kallias hier dem weisen Prodikus zugeführt hast, weil du sahest, daß jener ein leidenschaftlicher Liebhaber der Filosofie war, und dieser Geld brauchte. Auch weiß ich daß du ihn dem Hippias von Elea zugeführt hast, von welchem er unter andern die Gedächtnißkunst gelernt hat, durch die er noch verliebter als zuvor geworden ist, weil er seitdem keinen Schönen, der ihm vor die Augen kommt, wieder aus dem Kopfe kriegen kann. Ja es ist noch nicht lange, daß du mich mit dem Fremden von Heraklea[33] zusammengekuppelt hast, nachdem du mir soviel Gutes von ihm gesagt hattest, daß ich begierig wurde mit ihm selbst Bekanntschaft zu machen. Auch weiß ich dir Dank dafür; denn er scheint mir ein

---

[32] Ich konnte kein besseres Wort für προαγωγεια finden, wiewohl es die Bedeutung desselben nicht ganz ausdruckt. Das griechische Wort heißt eigentlich das Vorführen, und bedarf übrigens keiner Erklärung.

[33] Man vermuthet daß der Mahler Zeuxippus gemeint sey, dessen auch Plato im Protagoras rühmliche Erwähnung thut, wiewohl er sich unter den berühmten Mahlern keinen Platz erworben hat.

durchaus liebenswürdiger, biederer Mann zu seyn. Und ist es nicht zwischen mir und Aeschylus, dem Fliasier, dadurch daß du nicht aufhörtest ihn bey mir und mich bey ihm herauszustreichen, so weit gekommen, daß wir auf deine bloßen Reden hin verliebt in einander wurden, und einander durch alle Straßen von Athen ausschnuppern und nachlaufen?[34] Wahrlich, da ich solche Proben von dir habe, kann ich nicht anders als dich für einen trefflichen Gelegenheitsmacher halten. Denn wer im Stand ist diejenigen, die ihm nützlich seyn können, zu unterscheiden, und dann machen kann, daß sie Lust zu einander bekommen, der scheint mir auch der Mann dazu, ganze Städte einander zu Freunden zu machen, glückliche Ehen zu stiften, und überhaupt seinen Freunden, sowohl als seiner Vaterstadt und ihren Verbündeten sehr viel werth zu seyn. Und du hast dich gar über mich erzürnt, als ob ich dir wer weiß was Arges nachredete, da ich dich für einen guten Gelegenheitsmacher ausgab. – Nun, da ich weiß wie es gemeint ist, nicht länger, sagte *Antisthenes*. Denn wenn ich das vermöchte, würde für meinen Reichthum kaum Raum genug – in meiner Seele seyn.

Und hiemit hatte diese improvisierte Redeübung ihre Endschaft erreicht.

---

[34] Die Vergleichung ist nicht die edelste, aber keinem sehr auffallend, der sich in die Zeit, das Vaterland und die mit unter etwas Silenenhafte Laune des Sokrates hineindenken kann.

V.

Kallias wandte sich nunmehr gegen *Kritobul.* Nun, wie ists, Kritobul? wirst du itzt nicht hervortreten um deinen Streit über die Schönheit mit Sokrates auszumachen? – Er wird schwerlich große Lust dazu haben, sagte Sokrates; er mag wohl merken, daß der Kuppler etwas bey den Richtern gilt. – Demungeachtet weiche ich dem Kampf nicht aus, entgegnete Kritobul, sondern will mich gern belehren lassen, wenn deine Filosofie so weit reicht, die Behauptung, daß du schöner seyest als ich, gut zu machen.

So rücke nur jemand den Leuchter näher heran, sagte *Sokrates.*

Kritobul. Ich fordre dich vor allen Dingen auf, den Punkt, worauf es bey unserm Streit eigentlich ankommt, gehörig zu bestimmen.

Sokrates. Gut! So antworte mir.

Kritobul. Frage!

Sokrates. Denkst du das Schöne sey etwas, das dem Menschen ausschließlich zukomme, oder das sich auch an andern Dingen finde?

Kritobul. Es versteht sich, sollt' ich bey Jupitern! meinen, daß es auch schöne Pferde, schöne Ochsen und mancherley andre zum Theil leblose Dinge giebt, denen dieses Beywort zukommt.

Sokrates. Aber wie können so verschiedene und einander so wenig ähnliche Dinge Alle schön seyn?

Kritobul. Das können sie allerdings. Wenn jedes zu dem Zweck, wozu wir es gebrauchen – oder uns angeschafft haben, von der Natur gegliedert oder von der Kunst gearbeitet worden ist, so sind sie schön.

Sokrates. Die Augen also, z. B. wozu bedürfen wir ihrer?

Kritobul. Ohne Zweifel, zum Sehen.

Sokrates. Wenn das ist, Kritobul, so dürften wohl gleich *meine* Augen schöner seyn als die Deinige.

Kritobul. Wie so?

Sokrates. Weil die Deinige nur gerade vor sich hin sehen können, meine hingegen, da sie so weit hervorstehen, auch seitwärts.

Kritobul. Diesem nach hätte unter allen Lebendigen der Krebs die schönsten Augen?

Sokrates. Allerdings, und um so mehr, da sie ihrer Härte wegen besser auf die Dauer gemacht sind als andre.

Kritobul. Das laß ich gelten! Aber die *Nasen?* welche von beyden wäre wohl die schönere, die deine oder die meine?

Sokrates. Die meinige, sollt ich denken, wenn anders die Götter uns des Riechens wegen mit Nasen beschenkt haben. Deine Nüstern sehen niederwärts zur Erde, die meine hingegen stehen weit offen, so daß sie die Gerüche von allen Seiten einziehen können.

Kritobul. Aber wie sollte eine eingedrückte Nase schöner seyn als eine erhabene?

Sokrates. Weil sie den Augen nicht im Wege steht, sondern sie straks alles was sie wollen ungehindert sehen läßt; da hingegen eine erhabene Nase, den Augen gleichsam zum Trotz dasteht und eine Scheidewand zwischen ihnen aufführt.

Kritobul. Was den *Mund* betrift, Sokrates, da geb' ich dir voraus gewonnen; denn wenn der Mund des Beißens wegen da ist, so ist augenscheinlich daß du ganz andre Stücke auf einmal herunter beißen kannst als ich.

Sokrates. Und weil meine Lippen dicker sind, meinst du nicht, daß auch mein Kuß weicher seyn werde?

Kritobul. Das muß wohl so seyn; deinem Grundsatz zu Folge hätte sogar der Esel hierin viel vor mir voraus.

Sokrates. Und mußt du es nicht überdies noch für keinen schwachen Beweis, wie viel schöner ich bin als du, gelten lassen, daß die *Silenen*, denen ich unleugbar viel ähnlicher bin als du, von den *Najaden* geboren werden und also Göttersöhne sind?

Kritobul. Ich gestehe daß ich dir nichts mehr entgegen zu setzen habe. Laßt also den Richtern die Steine zum stimmen austheilen, damit ich je bälder je lieber erfahre, zu welcher Leibesstrafe oder Geldbuße sie mich verurtheilen werden.

Sokrates. Ich habe nichts entgegen; nur sollen sie ihre Stimmen heimlich geben; denn ich habe sehr zu fürchten, gegen so reiche Gegner wie du und Antisthenes zu kurz zu kommen.

Das Mädchen und der Knabe gaben also ihre Stimmen heimlich, nachdem Sokrates den Leuchter ganz nahe vor Kritobul rücken lassen, damit die Richter nicht getäuscht werden könnten; auch wirkte er aus, daß dem Sieger, statt des gewöhnlichen Kranzes, *Küsse* von den Richtern gegeben werden sollten. Als nun die Steine aus der Urne heraus fielen und sichs zeigte daß Kritobul den Handel mit allen Stimmen gewonnen hätte, sagte *Sokrates*: Ey, ey, Freund Kritobul, *dein* Geld scheint von einer ganz andern Art zu seyn als des Kallias seines: denn dieses macht (wie er sagt) die Leute ehrlicher; das deinige hingegen ist, wie meistens der Fall seyn mag, fähig, Parthey und Richter zugleich zu bestechen.

VI.

Die Gesellschaft wurde itzt ziemlich lebhaft. Die Einen ermahnten den Kritobul, seine Siegesküsse einzufodern; Andere meinten er sollte den Herrn der beyden Kinder zu gewinnen suchen, wieder andere trieben andere Scherze. *Hermogenes* war der einzige, der keinen Laut von sich gab. *Sokrates* rief ihn deßwegen bey seinem Namen auf: Kannst du mir, sprach er, nicht sagen, Hermogenes, was *Parönie* für ein Ding ist?[35] Wenn du mich fragst was es ist, erwiederte *Hermogenes,* so weiß ich nichts zu antworten; aber was *ich* mir dabey *denke,* will ich dir wohl sagen. Das ists eben was ich meine, sagte Jener. Die Fröhlichkeit seiner Freunde beym Weine stören, ist, meines Bedünkens, *Parönie.* –

Sokrates. Weißt du wohl, Hermogenes, daß gerade du unsre Freude durch dein Schweigen störest?

Hermogenes. Auch wenn *Ihr* redet?

Sokrates. Dann nicht, aber da wir wieder aufhörten.

Hermogenes. Wie? Solltest du nicht bemerkt haben, daß ihr diese Zeit her so redselig gewesen seyd, daß man nicht ein Haar, geschweige denn ein Wort zwischen euere Reden hätte schieben können? Kallias, rief *Sokrates,* hast du nichts, womit du einem armen zum Schweigen gebrachten Mann aus der Noth helfen kannst? O ja, versetzte *Kallias,* sobald sich die Flöte hören läßt, schweigen wir alle mit einander.

Ihr wollt also, sagte *Hermogenes,* daß ich, wie *Nikostratus* neulich seine achtfüßigen Jamben zur Flöte hersagte,[36] unter Begleitung der Flöte mit euch sprechen soll? –

Sokrates. O, ich bitte dich, das thue, lieber Hermogenes; denn ich denke wirklich, wie der Gesang durch die Flöte um so viel angenehmer wird, so würden auch deine Reden durch ihre Begleitung in

---

[35] Das griechische Wort mußte hier beybehalten werden 1) weil kein gleichbedeutendes deutsches vorhanden ist; 2) weil sich kein neues machen ließ, das in diesen Zusammenhang gehörig gepaßt hätte.

[36] Offenbar bezieht sich dies auf etwas vor kurzem geschehenes und allen Anwesenden bekanntes. Nikostratus scheint ein tragischer Schauspieler gewesen zu seyn; etwas näheres läßt sich schwerlich vermuthen.

etwas anmuthiger werden, zumal wenn du, wie diese Flötenspielerin, auch noch gefällige Gesichter dazu schneiden[37] wolltest. Wenn
aber, sagte *Kallias*, dieser Antisthenes hier Jemanden in die Schule
nähme und zum Verstummen brächte, was für eine Begleitung
müßte die Flöte dazu machen?[38] Wer zum Verstummen gebracht
ist, verdient, dächt' ich, nichts bessers als ausgepfiffen zu werden,
sagte *Antisthenes*.

Wie der *Syrakuser* sah, daß die Gesellschaft, an der Unterhaltung,
die sie sich selbst verschaffte, so viel Vergnügen fand, daß sie wenig
auf die seinige achtete, ward er über *Sokrates* (den er für die Ursache
davon hielt) mißmüthig, und sagte zu ihm: Bist du nicht etwa derselbe Sokrates, der den Spitznamen *Vernünftler* (Frontist) bekommen hat?

Sokrates. Klingt es nicht immer besser als wenn man mich den
Unvernünftler (Afrontistos) nennte?

Syrakuser. Das möchte wohl seyn, wenn man nicht glaubte, du
vernünftelst über gar zu *hohe* Dinge.

Sokrates. Kennst du was *höheres* als die Götter?

Syrakuser. Aber, zum Jupiter! Man sagt nicht, daß du dich um diese bekümmerst, sondern um die unnützesten Dinge von der Welt.[39]
– Aber sey es darum! Sage mir lieber, wie viele Füße ein Floh über
mich wegspringen kann?[40] Denn mit solchen geometrischen Auf-
gaben, sagt man, gebest du dich ab.

---

[37] Diesen komischen Ausdruck schien mir das im Text gebrauchte Wort
μορφαζειν zu verlangen.

[38] Ein feiner Stich (wenn ich nicht irre) auf die etwas derbe cynische Manier, wie
Antisthenes seine Gegner einzutreiben pflegte.

[39] Der Syrakuser braucht hier das Wort ανωφελεστατα (unnützeste) und Sokrates antwortet ihm durch ein unübersetzbares Wortspiel (woran meine beyden
Vorgänger verunglückt sind), dessen Frostigkeit Sokrates selbst bekennt und mit
der Zudringlichkeit des Syrakusers entschuldiget. Was schlechterdings nicht in
eine andre Sprache übergetragen werden kann (und bey Wortspielen ist dies
meistens der Fall) das muß man auch nicht übersetzen wollen. Und was verliert
denn der Leser an einem Paar abgeschmackter Zeilen?

[40] Die Worte der Urschrift, ποσους ψυλλα ποδαις εμου απεχει haben einen meiner Vorgänger verleitet zu übersetzen: wie viel Fuß ein Floh von mir entfernt ist?
Ich gestehe daß mir diese Frage gar zu platt vorkommt, und ich kann um so

Hier sagte *Antisthenes* zum *Filippus*: Du bist bekanntlich ein großer Meister in Vergleichungen; dünkt dich nicht *dieser* Bursche *hier*
gleiche einem Grobian, der den Leuten unangenehme Dinge sagen
will?[41] O Ja, entgegnete der Spaßmacher; ich wüßte ihn auch noch
mit vielen andern Dingen zu vergleichen. – Vergleich ihn lieber mit
Niemand, sagte Sokrates; du möchtest leicht selbst darüber Gefahr
laufen für seines gleichen angesehen zu werden.

Filippus. Wenn ich ihn nun aber mit hübschen Leuten, ja sogar mit
den Vorzüglichsten vergleiche, sollte man mich nicht von Rechtswegen eher mit einem der ihn loben als der ihn schimpfen wolle
vergleichen?

Sokrates. Du beschimpfst ihn schon dadurch, wenn du alles an
ihm lobst.

Filippus. Sähest du etwa lieber wenn ich ihn mit den Schlechtesten
vergliche?

Sokrates. Auch mit diesen nicht.

Filippus. Mit wem dann also?

Sokrates. Mit Niemand; du sollst ihn gar nicht vergleichen.

Filippus. So muß ich nur schweigen, und was für eine alberne Rol-
le werd' ich da bey diesem Gastmahl spielen!

Sokrates. Ist es denn so schwer lieber zu schweigen als etwas un-
schickliches zu reden? – Und hiemit endigte sich die kurze Störung
des angenehmen Tons, der bisher in dieser Tischgesellschaft geherr-
schet hatte.

---

weniger glauben, daß Xenofon απεχει geschrieben habe, da diese Frage sich auf
eine bekannte Stelle in den Wolken des Aristofanes bezieht. Ich habe daher
übersetzt als ob X. αλλεται oder αναπηδα geschrieben hätte.

[41] Λοιδορεισθαι βουλομενος und λοιδορουμενος kann, der gewöhnlichen Bedeutung des Worts λοιδορεισθαι (schmähen, schimpfen) gemäß, allenfalls zu
deutsch ein Mensch, der den Leuten Grobheiten sagen will, heißen: aber wie
Herr M. es durch Spötter übersetzen konnte, wird nur durch den Irrthum be-
greifflich, daß Antisthenes bey dem Worte: dieser hier auf den Sokrates gedeutet
habe, der freylich für einen ειρων, aber wahrlich für keinen λοιδορουμενος
bekannt war. Uebrigens ist nicht zu läugnen daß Antisthenes durch diese Anre-
de an den Spaßmacher unglücklicher Weise zu einer Reihe von Einfällen Anlaß
gegeben, die mit etwas dummem Attischen Salz gewürzt sind.

VII.

Indessen veranlaßte doch der Einfall des Antisthenes, den Spaßmacher zu einer Vergleichung aufzufodern, einen kleinen Aufruhr,
indem Einige verlangten, daß Filippus (der sich viel auf sein Talent
in dieser Art von Witzspielen einzubilden schien) Vergleichungen
machen sollte, Andre hingegen was anders wollten. *Sokrates* trat
hier abermals ins Mittel. Da uns doch, sagte er, die Lust angekom-
men ist alle zugleich zu reden, wär' es nicht eben so gut, wenn wir
alle zusammen *sängen?* Und damit stimmte er sogleich ein bekanntes Trinklied an. Als sie ausgesungen hatten, wurde eine Töpferscheibe für die Tänzerin hereingebracht, auf welcher sie allerley
Wunderdinge bewerkstelligen sollte. Da wandte sich *Sokrates* zu
dem Syrakuser und sagte: mein Freund, ich besorge bald selbst, daß
ich wirklich noch ein Vernünftler, wie du mich vorhin nanntest,
werden könnte. Denn ich zerbreche mir in diesem Augenblick den
Kopf darüber, wie dieser dein Knabe und das Mädchen auf eine Art
beschäftigt werden könnten, die ihnen selbst nicht so mühsam wäre, und uns Zuschauern doch das größte Vergnügen machen würde.
Mir scheint das Ueberwälzen zwischen Degenspitzen eine Art von
Belustigung zu seyn, die wegen des gefährlichen Ansehens, das
dieses Kunststück hat, nicht sonderlich zu einem fröhlichen Gastmahl paßt. Auch das Andere, während man auf einer Töpferscheibe
herumgedreht wird, zu lesen und zu schreiben, ist zwar eine Art
von Wunder, was es aber für einen Genuß geben könne, seh' ich
nicht. Denn es ist keineswegs angenehmer, schöne wohlgebildete
Körper auf eine seltsame Weise verrenkt oder in Gestalt eines Rades
zusammengebogen, als in natürlichen ruhigen Stellungen zu sehen.
Zudem sind wunderbare Dinge, sofern hier Jemand gelüstig dar-
nach seyn sollte, keine große Seltenheit, und man braucht nicht weit
zu gehen, um sich z. B. zu verwundern, wie es zugehe, daß die
glänzende Flamme, die in dieser Lampe brennt, den ganzen Saal
erleuchtet, der (an ihr befestigte) metallene Spiegel hingegen, wiewohl er auch glänzt, kein Licht von sich wirft und doch andre Körper auf seiner Fläche erscheinen läßt: oder warum das Oel, wiewohl
es naß ist, die Flamme nährt, das Wasser hingegen, weil es naß ist,
sie auslöscht. Doch, auch solche Fragen taugen nicht zum Wein. Ich
denke also, wenn du deine Kinder hier in einem Kostum und in
Stellungen, wie die *Grazien, Horen und Nymfen* gemahlt werden,

tanzen ließest, so würde es sie viel leichter ankommen, und diese Trinkgesellschaft würde nicht wenig an Vergnügen gewinnen.

Da sprichst du, bey Gott! ein gescheides Wort, Sokrates, versetzte der *Syrakuser*, ich hoffe Euch ein Schauspiel zu geben, woran Ihr euere Freude sehen sollt.

VIII.

Der Syrakuser entfernte sich also unter allgemeinem Beyfallklatschen aus dem Saal, und (während er seine Anstalten machte) brachte *Sokrates* ein neues Gespräch auf die Bahn. Nun, ihr Männer, sagte er, weil doch ein so großer Dämon, der dem Daseyn nach den ewiglebenden Göttern gleichzeitig, wiewohl an Gestalt der jüngste ist, durch seine Größe alles umfaßt und doch dem Gemüthe nach dem Menschen gleicht, mit Einem Worte, da *Amor* mitten unter uns ist, würd' es uns übel geziemen seiner zu vergessen, zumal da wir alle in die Brüderschaft[42] dieses Gottes eingeschrieben sind. Ich für meinen Theil wüßte keine Zeit zu nennen, da ich nicht in Jemand verliebt gewesen wäre. Von *Charmides* weiß ich daß er immer viele Liebhaber hatte, auch kenne ich mehr als einen, der von ihm leidenschaftlich geliebt wird. *Kritobul*, wiewohl er selbst noch einen erklärten Liebhaber hat, fängt auch schon an andern nachzugehen, und *Niceratus* liebt, wie ich höre, sogar seine Frau und wird von ihr wiedergeliebt. Und wer unter uns weiß nicht, daß *Hermogenes* für die *Kalokagathie*, was sie auch seyn mag, in Liebe entbrannt ist? Seht ihr nicht den Ernst seiner Augenbrauen, und die Ruhe seines Blicks, nicht, wie gemessen alles was er spricht, wie sanft der Ton seiner Stimme, wie stillheiter sein ganzes Wesen ist? und wie er, wiewohl die ehrwürdigsten Götter seine Freunde sind, dennoch keineswegs über uns andere, die wir nur Menschen sind, hinwegsieht? – Und du, *Antisthenes*, solltest du der einzige seyn, der in Niemand verliebt wäre? – O, gewiß bey allen Göttern, sagte dieser, und gar sehr – in dich.

Auf diese Liebeserklärung versetzte *Sokrates*, indem er zum Scherz das Gezier einer sich spröde stellenden Hetäre nachmachte:

Dringe nur wenigstens itzt nicht so auf mich ein; du siehst ja daß ich was anderes zu thun habe. – Daß du es doch nicht lassen kannst den Kuppler mit dir selbst zu machen, erwiederte *Antisthenes*; immer hast du eine Ausrede, dich nicht mit mir abzugeben. Bald soll es dein Dämonion nicht zulassen, bald wird sonst was vorgeschützt.

---

[42] Ich konnte kein schicklicheres Wort für θιασος finden als dieses Wort, womit bey den Katholischen gewisse, zu besondern Andachtsübungen und andern frommen Worten verbundene Gesellschaften bezeichnet werden.

– *Sokrates.* Um's Himmelswillen, Antisthenes, mach es gnädig mit mir! Deine andern bösen Launen hab' ich immer freundschaftlich getragen und will sie auch noch ferner tragen; aber deine Liebe wünschte ich geheim zu halten, weil ich doch wohl weiß, daß du nicht in meine Seele, sondern in meine Schönheit verliebt bist. – Daß du, *Kallias,* den Autolykus liebst, ist stadtkundig und sogar die Fremden sprechen davon; was denn auch ganz natürlich ist, da ihr beyde von angesehenen Vätern stammt, und überdies durch euere persönlichen Vorzüge alle Augen auf euch zieht. Ich habe immer eine große Meinung von deiner Sinnesart gehabt, aber itzt mehr als jemals, da ich sehe daß du dir nicht einen weichlichen, schlaffen, in Ueppigkeit aufgelösten Zärtling, sondern einen Jüngling, der bereits öffentliche Proben seiner Stärke, Duldsamkeit und Selbstbeherrschung abgelegt hat, zu deinem Liebling erwählt hast. An einen solchen sein Herz zu hängen, beweiset daß der Liebende gleichfalls von edler Art ist.

Ob es übrigens nur Eine *Afrodite* giebt, oder ob ihrer Zwey sind, die durch die Namen, *Urania* und *Pandemos* unterschieden werden, kann ich nicht sagen: das aber weiß ich daß jede ihre eigenen Tempel und Altäre hat, und daß der Pandemos geringere, Uranien hingegen reinere Opfer gebracht werden. Auch ließe sich vermuthen, Pandemos schicke uns die Liebe zu schönen Körpern, Uriana hingegen die Liebe für schöne Seelen, Freundschaft und edle Handlungen zu. Diese letztere ist es, lieber Kallias, von welcher du mir begeistert zu seyn scheinst. Ich schließe dies sowohl aus der tugendhaften Sinnesart deines Geliebten, als daraus, daß du, wie ich sehe, auch seinen Vater zu euern Zusammenkünften nimmst; denn ein edelgesinnter Liebhaber hat nichts was er vor dem Vater verheimlichen müßte. Bey *Here!* fiel *Hermogenes* hier ein, wie gewohnt ich auch bin dich zu bewundern, Sokrates, so finde ich doch die Wendung bewundernswerth, dem Kallias, indem du ihm bloß etwas angenehmes zu sagen scheinst, eine gute Lehre zu geben, was ihm zu seyn *gebühre.* – Meinst du? sagte *Sokrates:* nun dann also, um ihm noch mehr Freude zu machen, will ich ihm zeigen, wie völlig ich über den Vorzug der Seelenliebe vor der Liebe des Körpers seiner Meinung bin.

Daß ohne Freundschaft keine persönliche Verbindung der Rede werth sey, wissen wir alle. Nun fühlen wir uns zwar auch *genöthigt,*

Personen deren sittlichen Karakter wir hochschätzen, *zu lieben*; aber es ist eine Art von Nothwendigkeit, wobey wir aus selbst eigener Bewegung mit unserm guten Willen und mit voller Selbstbilligung zu solchen Personen gezogen werden.[43] Bey der Körperliebe hingegen findet sich gerade das Gegentheil; denn da begegnet es häufig, daß man jemand, an dessen Sitten man das größte Mißfallen hat, *wider Willen* lieben muß, und also in der That die geliebte Person zu gleicher Zeit haßt und liebt.

Wenn aber auch Liebhaber von der letztern Art die stärkste Liebe zu einander trügen, so ist doch die Blütenzeit der Schönheit von kurzer Dauer, und wie diese vergeht, muß nothwendig auch die Liebe dahinwelken: die Seele hingegen deren Vollkommenheit mit der Zeit fortschreitet, wird desto liebenswürdiger, je älter sie wird. Ueberdies findet auch im Genuß der Schönheit, wie im Genuß der Speisen, eine gewisse Sättigung statt, und in beyden thut Ueberladung einerley Wirkung; die Liebe der Seele hingegen ist desto unersättlicher je reiner sie ist, ohne darum, wie mancher vielleicht denken möchte, weniger reitzend zu seyn; vielmehr wird an ihr das Gebet erfüllt, worin wir die Göttin bitten unsern Worten und Werken Liebreitz mitzutheilen. Daß eine Seele, die in der Blüte des Lebens mit einer edeln Gestalt große Gesinnungen und reine Sitten vereinigt, und durch diese mit Anmuth und Leutseligkeit gemilderten Vorzüge unter allen gleiches Alters immer die Anführerin ist, daß eine solche für den Geliebten Hochachtung und Freundschaft fühlen wird, bedarf wohl keines Beweises; ich begnüge mich also zu zeigen, wie ein so beschaffner Liebhaber sich natürlicher Weise auch Gegenliebe versprechen dürfe. Denn wie sollte der Geliebte den hassen können, von welchem er sich mit der Achtung, die man

---

[43] Ich weiß nicht, ob die Schuld bloß an mir liegt, daß mir diese Stelle im Original so dunkel vorkommt; aber mich dünkt wenigstens, Xenofon selbst sey auch ein wenig Schuld daran. Denn die Schwierigkeit liegt darin, daß er (nach wörtlicher Uebersetzung) sagt: »Die Liebe zu denen, deren sittlichen Karakter wir hochschätzen, wird eigene Nothwendigkeit und freye Selbstbestimmung genennt; (von wem?) unter denen aber, deren Begierden auf den Körper gerichtet sind, giebt es viele, denen die Sitten mißfällig sind und die den Geliebten hassen.« – Jeder Leser, denke ich, muß zwar merken, was Xenofon damit sagen wollte; aber zugleich fühlen, daß er sich weder klar noch richtig ausgedrückt hat. Der Sinn dieser Stelle scheint mir indessen doch kein anderer seyn zu können, als den ich ihr durch meine erklärende Umschreibung gegeben habe.

den Edeln und Guten schuldig ist, behandelt sieht; wenn er sieht, daß es seinem Liebhaber wahrer Ernst ist, das, was ihm (dem Geliebten) anständig und rühmlich ist, seinem eignen Vergnügen vorzuziehen. Und wenn er überdies glauben darf, falls er auch irgend etwas menschliches begienge, oder eine Krankheit ihm seine Schönheit raubte, werde er darum nicht weniger geliebt werden? Wo aber auf beyden Seiten Liebe ist, wie könnt' es den Liebenden an Vergnügen fehlen? Wie könnten sie einander ohne Wohlgefallen anschauen, und wie sollte die Wohlmeinung und das wechselseitige Vertrauen, womit sie sich einander mittheilen, die Fürsorge die einer dem andern beweist, die gemeinsame Freude an allem was jeder schönes und preiswürdiges thut, der gemeinsame Schmerz wenn einem von ihnen irgend ein Unfall zustößt, und daß sie ihre gesunden Tage fröhlich mit einander verleben, in kranken hingegen sich um so öfter und mit desto größerer Theilnahme sehen, und wenn einer abwesend ist noch mehr für ihn gesorgt wird als wenn er gegenwärtig wäre: Warum sollten die mit diesem allem verbundenen angenehmen Gefühle nicht den Namen wahrer *Liebesfreuden* verdienen?[44] Und so ist es dann ganz natürlich, daß unter solchen gegenseitigem Liebeserweisungen ihre Freundschaft immer warm erhalten wird, und durch den Genuß ungeschwächt bis ins hohe Alter dauern kann.

Der hingegen, der am Körper des Geliebten hängt, warum sollt' er von diesem wieder geliebt werden? Etwa darum, weil Jener sich selbst Befriedigungen herausnimmt, die diesem zum größten Vorwurf gereichen? Oder vielleicht darum, weil der Liebhaber, um das was er sucht bey ihm zu erlangen, seine Verwandten und Hausgenossen so viel möglich von ihm entfernen muß? Und wahrlich, daß er seinen Zweck anstatt mit Gewalt durch Ueberredung zu erhalten sucht, macht ihn nur desto hassenswürdiger. Denn wer Gewalt brauchen will, wird eben dadurch, daß er sich offenbar als ein schlechter Mensch zeigt, weniger gefährlich: wer hingegen Ueberredungskünste gebraucht, verderbt die Seele des Verführten. Auch der, der seine Jugendblüte für Geld verhandelt, warum sollt' er seinen Käufer mehr lieben, als man einen liebt, der uns unsre Waare

---

[44] Ich konnte kein schicklicheres Wort finden, um das griechische επαφροδιτα nicht ganz unausgedruckt zu lassen.

auf öffentlichem Markte abkauft? Doch wahrlich nicht deswegen, weil er, blühend, sich einem Abgeblühten, schön, einem der es nicht mehr ist, und, selbst ohne Genuß, den Begierden eines Andern Preis giebt?[45] Kein Wunder also, wenn Verachtung des Liebhabers die natürliche Frucht einer solchen Gefälligkeit des Geliebten ist.

Wer sich nur ein wenig umsehen will, wird überdies finden, daß eine auf reine Sitten gegründete Liebe noch nie Unheil angerichtet hat, da hingegen aus ungebührlichem Umgang schon viele schändliche und ungeheure Verbrechen entsprungen sind. Auch kann ich nicht unbemerkt lassen, daß in einer Verbindung, die sich mehr auf Liebe des Körpers als der Seele bezieht, etwas mit dem Karakter eines freygebornen Mannes unverträgliches ist. Wer seinen Geliebten, wie Chiron und Fönix den Achilles, reden und handeln lehrt wie sichs gebührt, wird billig auch von ihm, wie Jene vom Achilles hochgeschätzt; wer hingegen nach körperlichem Genuß lüstert, drängt sich, wie ein beschwerlicher Bettler, immer an die Fersen des Geliebten an, und hat immer bald dies bald das, was er bedarf, zu betteln, bald einen Kuß, bald irgend eine andere Gunst.

Laßt euchs nicht wundern wenn ich geschwätziger bin als ich vielleicht sollte; denn außer dem, daß mich auch der Wein erhitzt, spornt mich mein alter Hausfreund, der bessere Amor, an, nachdrücklich und ohne Schonung gegen seinen erklärten Widersacher zu reden. Mich dünkt, wer sein Herz an die Gestalt hängt, gleiche einem Manne, der ein Feld zur Miethe baut; denn der bekümmert sich (wie jener) wenig darum den Werth des Grundstücks steigen zu machen, sondern denkt immer nur wie er soviel Früchte als möglich darauf erzielen könne; wem es hingegen um Freundschaft zu thun ist, der ist wie der Besitzer eines eigenthümlichen Gutes; denn er wendet alles mögliche an, den innern Werth des Geliebten zu erhöhen.

Auch ein Knabe, wenn er merkt daß er, um einen Liebhaber ganz in seine Gewalt zu bekommen, weiter nichts nöthig hat, als ihm seine Schönheit Preis zu geben, wird sich in andern Stücken ver-

---

[45] Da die Linie dessen was sich mit Anständigkeit sagen läßt, für uns Neuere enger gezogen ist als für die Alten, so glaube ich entschuldigt zu seyn, daß ich hier die ganze Periode, ουδε γαρ ο παις τω ανδρι ωσπερ γυνη etc. in die drey Worte »selbst ohne Genuß« zusammengezogen habe.

nachläßigen; weiß er hingegen, daß er sich ohne Tugend und Verdienste in der Zuneigung seines Liebhabers nicht erhalten kann, so ist natürlich daß er diese Vorzüge zu erwerben trachten wird. Der wichtigste Vortheil aber für den, der sich aus seinem Geliebten einen tauglichen Freund erziehen will, ist, daß er selbst etwas taugen muß; denn es ist nicht zu erwarten, daß er, sich selbst schlecht aufführend, seinen jungen Freund zu einem edeln Menschen bilden, und indem er ihm ein Beyspiel von Schamlosigkeit und Unenthaltsamkeit giebt, ihn züchtig und enthaltsam machen werde.

Ich hätte nun große Lust, lieber Kallias, dir auch aus unsern alten *Mythen* zu zeigen, daß nicht bloß Menschen, sondern auch Götter und Heroen die Liebe der Seele viel höher schätzen als körperlichen Genuß. Jupiter z. B. ließ alle die sterblichen Frauen und Jungfrauen, die er ihrer Schönheit wegen liebte und besuchte, sterblich bleiben; denen hingegen, deren Seelen er liebte, schenkte er die Unsterblichkeit, z. B. dem Herkules, den Dioskuren, und andern mehr. Ich meines Orts behaupte sogar, daß *Ganymedes* nicht seiner Gestalt sondern seiner Seele wegen von Jupiter in den Olymp aufgenommen worden sey.[46] Dieß bezeugt auch schon sein bloßer Name, der aus γανυμαι (ich erfreue mich) und μηδος (Klugheit) zusammengesetzt ist. Denn so steht irgendwo im Homer,

– γανυται δε τ'ακουων (er freute sich da er es hörte)

und an einem andern Orte

– πυκινα φρεσι μηδεα ειδωςγ,[47]

welches soviel sagen will als σοφα βουλευματα ειδως, kluge Rathschläge zu geben geschickt. Die Zusammensetzung seines Namens aus diesen beiden Worten beweiset also,[48] daß Ganymed nicht seines Körpers sondern seines Verstandes wegen von den Göttern in so hohen Ehren gehalten werde. Auch ist dir, Niceratus, aus deinem Homer bekannt, daß Achilles in der Ilias des erschlagenen Patroklus wegen nicht weil er sein Liebling, sondern weil er sein Freund und Waffenbruder war, eine so überschwänkliche Rache nimmt. So werden auch Orestes und Pylades, Theseus und Peirithous, und viele andere, die unter den Halbgöttern für die vorzüglichsten gelten, nicht darum in Hymnen besungen, weil sie bey einander geschlafen, sondern weil sie aus gegenseitiger Großachtung die herr-

---

[46] Homer war nicht dieses Glaubens, denn er sagt ( ) mit dürren Worten, Ganymedes sey »wegen der schönen Gestalt den Göttern zugesellet worden«.

[47] Sokrates führt diese Halbverse aus dem Gedächtnis an; der erste ist gar nicht im Homer zu finden, der andere aus zwey verschiedenen Versen im 17ten u. 24sten Gesang zusammengeschmelzt.

[48] Daß Markland diesen Beweis, der des Sokrates der Aristofanischen Wolken würdig ist, mit Recht lächerlich finde, springt wohl jedem in die Augen: aber wie der wahre Sokrates oder wie Xenofon dazu kamen, ein so kindisches Wortspiel für einen stattlichen Beweis zu geben, möchte nur mit Hülfe der Homerischen Ate, die alle bethöret, (f.) zu erklären seyn.

lichsten Thaten gemeinschaftlich verrichtet haben. Doch wozu diese alte Beyspiele? Sehen wir nicht daß alle schönen Thaten, die in unsern Zeiten geschehen, nicht von Leuten, welche die Wollust einem guten Ruf vorziehen, sondern von Männern, die aus Ruhmbegier jeder Arbeit und Gefahr freudig entgegen gehen, verrichtet werden? Pausanias zwar, der Liebhaber des Dichters Agathon, ist nicht dieser Meinung, da er, in seiner Schutzrede für die unenthaltsamen Liebhaber,[49] behauptet, ein aus lauter Liebhabern und Geliebten dieses Schlags zusammengesetztes Kriegsheer würde unüberwindlich seyn. Wunderbar genug, wenn Menschen, die sich nichts aus öffentlichem Tadel machen, und sich einer vor dem andern nicht zu schämen gewohnt sind, nur in diesem Falle sich schämen sollten etwas Schimpfliches zu thun! Er beruft sich zwar auf die Thebaner und Eleer, bey welchen etwas dergleichen gesetzmäßig sey; diejenigen nämlich, die beysammen schliefen, würden auch im Treffen zusammengestellt. Allein dieses Beyspiel paßt eben darum nicht auf uns, weil bey jenen das Gesetz erlaubt was bey uns schimpflich ist. Mir scheint es, eben das Zusammenstellen zeige einen für diese Liebende nicht sehr ehrenvollen Zweifel an, als möchten sie sich nicht wie brave Männer halten, wenn sie besonders gestellt würden. Die Lacedämonier hingegen, bey denen es etwas ausgemachtes ist, daß aus einem Liebhaber dieses Gelichters nie ein tauglicher Mann werden könne, machen aus ihren Geliebten so brave Leute, daß sie auch neben Ausländern, ja sogar wenn sie für eine andere Stadt als die ihrige, ohne ihre Liebhaber fechten, sich doch nicht weniger schämen irgend einen Mitstreiter im Stich zu lassen. Denn ihnen ist die Scham eine Göttin nicht die Unverschämtheit.[50]

Uebrigens denke ich, wir werden über diesen Punkt alle Einer Meinung seyn, wenn wir uns selbst fragen, welchem von zweyen auf diese oder auf jene Weise geliebten Jünglingen wir unser Geld oder unsre Kinder lieber anvertrauen, oder Gefälligkeiten, wofür

---

[49] Die eignen Worte des Sokrates υπερ των ακρασια συγκυλινδουμενων drückten zwar seine Verachtung dieser Gräulichen sehr kräftig aus, sind aber zu stark für unsre Sprache und für unsre züchtigen – Ohren.

[50] Ein Stich (wie es scheint) auf seine Athener, die der Unverschämtheit auf Anrathen des Sehers Epimenides einen Tempel erbauten; was ihnen Cicero (de Legg. II. c. 11.) sehr übel nimmt, wiewohl es in der That nicht so böse gemeint war als es tönt.

wir Dank erwarten, erweisen wollten. Ich wenigstens bin der Meinung, daß sogar Einer, der kein Bedenken trägt die Schönheit seines Geliebten zu mißbrauchen, in allen diesen Fällen mehr Vertrauen in den, der nur seiner Seele wegen liebenswürdig ist, setzen werde.

Du aber, Kallias, hast meines Erachtens hohe Ursache es den Göttern Dank zu wissen, daß sie dir die Liebe des schönen Autolykus ins Herz gegeben haben.[51] Denn daß ein Jüngling Ehrliebend seyn muß, der, um als Sieger im Pankration ausgerufen zu werden, sich eine strenge Lebensordnung und die mühsamsten und schmerzhaftesten Uebungen gefallen läßt, ist wohl außer allem Zweifel. Wem aber seine Absicht ist, nicht bloß sich selbst und seinem Vater Ehre zu machen, sondern durch Tapferkeit und Biedersinn auch seinen Freunden und seinem Vaterlande dereinst gute Dienste zu leisten, Siegesmähler von den Feinden desselben zu errichten, und durch alles das ein viel genannter und alle Augen auf sich ziehender Mann zu werden, wie könntest du zweifeln, ob er *den* in hohen Ehren halten werde, mit dessen Beystand er ein so schönes Ziel zu erreichen hoffen dürfte? Wenn du ihm also zu gefallen wünschest, so erkundige dich durch welche Kenntnisse und Fertigkeiten *Themistokles* geschickt wurde Griechenland zu befreyen und wieviel *Perikles* wissen mußte, um für den besten Rathgeber seines Vaterlandes gehalten zu werden; forsche nach, durch was für eine Filosofie *Solon* fähig wurde, der Stadt die trefflichsten Gesetze zu geben, und ruhe nicht bis du herausgebracht hast, durch welche Uebungen die Lacedämonier in den Ruf gekommen sind, die besten Soldaten in der Welt zu seyn. An Gelegenheit zum letztern kann es dir nicht fehlen, da die Männer vom ersten Rang in dieser Republik, welche von Zeit zu Zeit in öffentlichen Geschäften an die unsrige abgeschickt werden gewöhnlich bey dir abzusteigen pflegen.[52]

---

[51] Diese Stelle ist merkwürdig, da sie uns vollends auf den rechten Punkt stellt, woraus diese ganze, uns so sonderbar auffallende Rede über die Knabenliebe beurtheilt werden muß. Sokrates mischt sogar die Religion ins Spiel, um dem Kallias die tugendhafte Liebe, welcher er diese Lobrede gehalten, zu einer desto heiligern Pflicht zu machen, denn daß Sokrates diesen ganzen Diskurs bloß deswegen auf die Bahn gebracht habe, muß nun jedem Leser in die Augen fallen.

[52] Aus Ermanglung eines dem griechischen Proxenos völlig zusagenden Wortes, sah ich mich zu dieser nicht völlig passenden Redensart genöthigt. Auswärtige Gesandte wurden zu Athen gewöhnlich im Namen der Republik von einem der

Daß die Stadt sich in kurzem, wenn du anders selbst dazu geneigt bist, deiner Führung anvertrauen werde, kann dir nicht verborgen seyn. Du hast dazu alle mögliche Vortheile in der Hand. Du bist ein *Eupatride*,[53] Priester der Erechteischen Götter,[54] welche dem *Jacchus* gegen den Barbaren (den König Xerxes) streiten halfen.[55] Auch an

---

vornehmsten und reichsten Bürger, der vom Senat dazu ernannt wurde, in seinem Hause bedient und bewirthet. Dies hies Proxenia, und der Name Proxenos war den Fremden und ihrem Bewirther gemein. Noch eine andere Bedeutung des letztern Wortes scheint nicht hieher zu gehören.

[53] D. i. ein Abkömmling eines alten, edeln, durch großes Vermögen, und die ersten Staatswürden von langem her ausgezeichneten Hauses, also, was im alten Rom ein Patricius hieß.

[54] Wenn (wie es scheint) unter diesen Göttern vom Erechteus (θεοις απ' Ερεχθεως) »die Götter, die in den Eleusinischen Mysterien vermöge der Anordnung des Erechteus (eines Attischen Königs aus der fabelhaften Zeit) verehrt wurden,« zu verstehen sind, also Ceres und Proserpina, deren Name doch wahrlich kein Geheimniß war, ob gleich ihre Mysterien geheim gehalten wurden, so ist nicht wohl abzusehen, warum Sokrates sie hier auf eine so ungewöhnliche Art bezeichnet. Die Würde eines Δαδουχος oder Fackelträgers bey dem feyerlichen nächtlichen Aufzug von Athen nach Eleusin, welcher jedesmal an den Eleusinien Statt hatte, war ansehnlich und priesterlich, und scheint in der Familie des Kallias soviel als erblich gewesen zu seyn.

[55] Jacchus, ein Sohn Jupiters von der Ceres, und also mit dem Bacchus, der ein Sohn Jupiters von der Semele war, nicht eben derselbe, hatte einen Tempel zu Athen, aus welchem sein Bild am sechsten Tage des Eleusinischen Festes in einem feyerlichen Zug und unter immerwährenden Schreyen, Jacche, o Jacche! nach Eleusin geführt wurde. Das Volksmährchen worauf Sokrates hier deutet, wird von Herodot B. VIII. 65. und von Plutarch im Themistokles mehr und weniger umständlich erzählt. Während des (über Griechenland entscheidenden) Seetreffens bey Salamin (sagt Plutarch) soll in der Thriasischen Ebene zwischen Athen und Salamin ein großes von Eleusis herströmendes Licht gesehen und ein gewaltiges Getöse und Geschrey gehört worden seyn, demjenigen gleich welches die Volksmenge erhebt, die den mystischen Jacchus nach Eleusis begleitet; und zugleich soll sich eine Staubwolke, wie unter den Füßen eines unsichtbaren Kriegsheers, erhoben und gegen die Schiffe hin gezogen haben. Herodot nennt sogar zwey glaubhafte Männer, deren einer, ein Athener Namens Dikäus, dies gesehen und gehört zu haben bezeugte. Ein Staub, wie von 30 000 Mann habe sich von Eleusis her gegen Salamin gezogen, und wie sie sich umgesehen von wem ein solcher Staub gemacht werden könne, hätten sie ein Geschrey gehört, und da sey es ihm, dem Dikäus, vorgekommen, er höre den mystischen Jacchus. – So groß, so unwahrscheinlich und den guten Athenern selbst unbegreiflich waren die Siege bey Marathon und Salamin, daß sie übernatürliche Mitwirkungen zu Hülfe nehmen mußten, um sie sich als möglich zu denken!

dem Feste, so wir itzt feyern, erklärt dich die öffentliche Meinung unter allen deinen Vorfahren und unter den vorzüglichsten Männern unsrer Stadt, für den, der den edelsten Anstand und das ganze Ansehen hat, auch den schwersten Arbeiten gewachsen zu seyn. – Laßt euch's nicht befremden, wenn euch dünkt ich habe mit mehr Eifer gesprochen als sichs zwischen vollen Bechern ziemt; denn ich bin von jeher, der allgemeine Stadtnebenbuhler aller Menschen von schöner Anlage und innerm Drang sich durch Verdienste auszuzeichnen, gewesen, und werd' es wohl so lange ich lebe bleiben.

Hier hörte Sokrates auf zu reden, und die andern schwatzten unter einander über das Gesagte hin und her. Autolykus aber heftete die Augen mit besonderer Aufmerksamkeit auf Kallias, der mit einem Seitenblick nach ihm, zu Sokrates sagte: Wie wenn du eine Probe deiner Kunst an mir ablegtest, ob du mich mit der Stadt zusammenkuppeln, und mich ihre Geschäfte zu machen und ihr immer zu gefallen lehren könntest? Das kann dir nicht fehlen, versetzte Jener, sobald sie sehen, daß es dir nicht bloß um den Schein sondern um wahres Verdienst zu thun ist. Denn eine falsche öffentliche Meinung wird gar bald durch die Erfahrung widerlegt: Wahre Tugend hingegen bewährt sich durch Handeln, und ihr Ruf wird immer glänzender weil er auf Thaten gegründet ist.

Hiemit hatte dann auch dieser Diskurs ein Ende.

IX.

Autolykus, dessen Stunde indessen gekommen war,[56] stand nun auf um sich durch Gehen Bewegung zu machen, und *Lykon*, sein Vater, der ihm folgte, wandte sich im Hinausgehen gegen *Sokrates* und sagte: beym großen Gott! nun bin ich gewiß daß du ein edeldenkender und rechtschaffener Mann bist!

Bald darauf wurde ein Armsessel hereingebracht und aufgestellt, und nun trat auch der *Syrakuser* wieder herein und sagte: Ihr Herren, *Ariadne* ist im Begriff sich in ihr und Dionysens Brautgemach zu begeben; gleich darauf wird Dionysus, mit einem kleinen Räuschgen von der Göttertafel kommend, zu ihr eingehen, und dann werden sie mit einander scherzen.

Diesem nach erschien dann *Ariadne* zuerst in völligem Brautschmuck, und setzte sich in den Sessel; nicht lange so kündigte die Flöte im Bacchischen Ton und Zeitmaß den kommenden Weingott an. Jtzt bekamen die Zuschauer alle Ursache, sich von der Geschicklichkeit des Lehrmeisters der in diesem Tanzspiel auftretenden Kinder einen großen Begriff zu machen. Denn kaum hörte *Ariadne* das Getön, so lauschte sie ihm mit einer Miene entgegen, woraus jedermann merken konnte sie höre es mit Vergnügen; zwar gieng sie nicht auf den Kommenden zu, stand auch nicht auf, aber dennoch sah man, daß sie sich Gewalt anthun mußte um ruhig zu bleiben. Dionysus hingegen sobald er sie erblickte, tanzte mit dem lebhaftesten Ausdruck des verliebten Entzückens auf sie zu, setzte sich auf ihre Kniee, wand seine Arme um ihren Leib und küßte die verschämte Braut, die sich seinen Küssen einen Augenblick entziehen zu wollen schien, aber dem ungeachtet seine Umarmung mit traulicher Freundlichkeit erwiederte; während die Zuschauer ihr Wohlgefallen durch die lebhaftesten Zeichen zu erkennen gaben. Wie aber Dionysus wieder aufstand und zugleich Ariadnen mit sich aufhub, und nun beyde das Schauspiel eines sich küssenden Brautpaars mit vielerley Veränderungen und Gruppierungen darstellten;

---

[56] Die Pankratiasten waren an die Beobachtung einer sehr genauen und strengen Vorschrift in Essen, Trinken, Schlafen und Bewegung machen, gebunden; und so war ihnen auch vorgeschrieben, wie bald und wie lange sie nach Tische zu Beförderung der Verdauung sich Bewegung machen mußten.

und die Zuschauer, selbst von der ausnehmenden Schönheit Dionysens und Ariadnens entzückt, immer deutlicher sahen, daß die beyden Liebenden sich nicht nur so stellten, sondern sich wirklich in
ganzem Ernst Küsse gaben, geriethen sie dermaßen außer sich, daß
sie sich kaum länger halten konnten; zumal wie sie den Bräutigam
seine Braut fragen hörten, ob sie ihn liebe, und diese es ihm mit
solcher Innigkeit zuschwor, daß nicht nur er, sondern alle Anwesenden mitgeschworen hätten, der Knabe und das Mädchen seyen
wirklich in einander verliebt, so ganz und gar sah es nicht aus, als
ob sie alle diese Stellungen und Geberden bloß gelehrt worden wä-
ren, sondern als ob sie in vollem Ernst etwas, wornach sie sich
schon lange gesehnt, zu thun im Sinn hätten. Wie es dann endlich
so weit kam, daß sie Arm in Arm, als ob sie nun zu Bette gehen
wollten, hinwegtanzten: da schworen die Unverheiratheten daß sie
unverzüglich heirathen würden; die bereits Vermählten aber
schwangen sich auf ihre Pferde und ritten in vollem Galopp zu
ihren Frauen nach Haus. Sokrates aber und die Zurückgebliebenen
machten sich mit Kallias auf, den alten Lykon und seinen Sohn
aufzusuchen und einen Spatziergang mit ihnen zu machen; und so
endigte sich dieses Symposion.

Über tredition

Eigenes Buch veröffentlichen

tredition wurde 2006 in Hamburg gegründet und hat seither mehrere tausend Buchtitel veröffentlicht. Autoren veröffentlichen in wenigen leichten Schritten gedruckte Bücher, e-Books und audio-Books. tredition hat das Ziel, die beste und fairste Veröffentlichungsmöglichkeit für Autoren zu bieten.

tredition wurde mit der Erkenntnis gegründet, dass nur etwa jedes 200. bei Verlagen eingereichte Manuskript veröffentlicht wird. Dabei hat jedes Buch seinen Markt, also seine Leser. tredition sorgt dafür, dass für jedes Buch die Leserschaft auch erreicht wird.

Im einzigartigen Literatur-Netzwerk von tredition bieten zahlreiche Literatur-Partner (das sind Lektoren, Übersetzer, Hörbuchsprecher und Illustratoren) ihre Dienstleistung an, um Manuskripte zu verbessern oder die Vielfalt zu erhöhen. Autoren vereinbaren direkt mit den Literatur-Partnern die Konditionen ihrer Zusammenarbeit und partizipieren gemeinsam am Erfolg des Buches.

Das gesamte Verlagsprogramm von tredition ist bei allen stationären Buchhandlungen und Online-Buchhändlern wie z. B. Amazon erhältlich. e-Books stehen bei den führenden Online-Portalen (z. B. iBookstore von Apple oder Kindle von Amazon) zum Verkauf.

Einfach leicht ein Buch veröffentlichen: **www.tredition.de**

Eigene Buchreihe oder eigenen Verlag gründen

Seit 2009 bietet tredition sein Verlagskonzept auch als sogenanntes "White-Label" an. Das bedeutet, dass andere Unternehmen, Institutionen und Personen risikofrei und unkompliziert selbst zum Herausgeber von Büchern und Buchreihen unter eigener Marke werden können. tredition übernimmt dabei das komplette Herstellungs- und Distributionsrisiko.

Zahlreiche Zeitschriften-, Zeitungs- und Buchverlage, Universitäten, Forschungseinrichtungen u.v.m. nutzen diese Dienstleistung von tredition, um unter eigener Marke ohne Risiko Bücher zu verlegen.

Alle Informationen im Internet: **www.tredition.de/fuer-verlage**

tredition wurde mit mehreren Innovationspreisen ausgezeichnet, u. a. mit dem Webfuture Award und dem Innovationspreis der Buch Digitale.

tredition ist Mitglied im Börsenverein des Deutschen Buchhandels.

Dieses Werk elektronisch lesen

Dieses Werk ist Teil der Gutenberg-DE Edition DVD. Diese enthält das komplette Archiv des Projekt Gutenberg-DE. Die DVD ist im Internet erhältlich auf **http://gutenbergshop.abc.de**

Zeitfracht Medien GmbH
Ferdinand-Jühlke-Straße 7
99095 Erfurt, Deutschland
produktsicherheit@kolibri360.de